本书获陕西省软科学项目"智慧医疗大数据治理体系和治理对策研究"（2022KRM188）、陕西省软科学项目"地方政府大数据治理能力影响因素及提升策略研究"（2019KRM193）的资助

个性化股票推荐理论与方法

段刚龙　马　鑫◎著

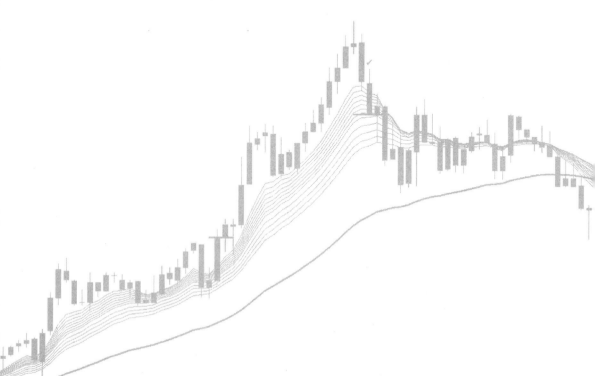

经济管理出版社
ECONOMY & MANAGEMENT PUBLISHING HOUSE

图书在版编目（CIP）数据

个性化股票推荐理论与方法 ／ 段刚龙，马鑫著.

北京：经济管理出版社，2024. -- ISBN 978-7-5096
-9850-1

Ⅰ. F830.91

中国国家版本馆 CIP 数据核字第 20240E26J6 号

组稿编辑：申桂萍
责任编辑：董杉珊
责任印制：许　艳
责任校对：陈　颖

出版发行：经济管理出版社
　　　　　（北京市海淀区北蜂窝 8 号中雅大厦 A 座 11 层　　100038）
网　　　址：www.E-mp.com.cn
电　　　话：(010) 51915602
印　　　刷：唐山玺诚印务有限公司
经　　　销：新华书店
开　　　本：720mm×1000mm/16
印　　　张：13.25
字　　　数：245 千字
版　　　次：2024 年 8 月第 1 版　　2024 年 8 月第 1 次印刷
书　　　号：ISBN 978-7-5096-9850-1
定　　　价：88.00 元

前　言

随着我国金融市场的迅猛发展，以及人工智能、机器学习和大数据技术的极大进步，金融市场的经营和盈利模式发生了翻天覆地的变化，投资者寻求满足其资产保值增值的理财需求也不断攀升，实现差异化股票投资交易和收益偏好的个性化需求日趋明显。智能投资顾问的不断发展为满足投资者的个性化金融需求提供了机会。作为资产管理前沿领域的智能投资顾问（以下简称智能投顾），其可以智能分析投资人的风险偏好，并通过算法模型获得投资人最完善的资产配置，为投资者购买股票提供了个性化的选择空间，其中，提高智能投顾学习效率和准确性的个性化推荐技术则是智能投顾中的重中之重。协同过滤推荐已经成为智能投顾的首选算法，但存在数据稀疏性、冷启动、长尾效应导致的股票难以被推荐，以及推荐性能不高、用户体验较差等问题，因此，破解智能投顾中股票的个性化推荐方法与技术的难题、实现对股票投资者的精准化的理财服务具有重要的理论价值与现实意义。

本书着眼于解决智能投资顾问领域的关键问题，从投资者的角度出发，探索了股票投资者个性化需求的关键推荐算法：首先，针对股票投资者的投资目的和过程进行解析，构建了投资者建模模块、股票对象建模模块、推荐算法模块的研究思路。在此基础上，构建了股票投资者智能投顾的用户画像，设计了用户画像的事实标签、分类模型标签和评价模型标签体系，采用 XGBoost 算法构建了投资者的用户分类模型，并采取 TOPSIS 法对股票投资者标签进行了评价。其次，基于关联规则、基于文本内容和基于深度协同过滤，构建了三种情景下的个性化推荐子模型，采用关联规则实现股票行业推荐，在股票行业推荐的基础上实现了个股推荐；基于股票评论及金融事件的文本内容，构建了文本数据的金融事件词典，提出基于结构化信息股票盈利预估模型和多任务股票盈利预估模型，进而进行了股票盈利计算及结合用户画像筛选出符合用户偏好的股票。最后，设计了数据预处理层、子推荐算法层、推荐算法融合层和模型效果评价层的混合推荐框架，在 LZ-Apriori、MSEEM 和 FCM 子模型分析的基础上，构建了混合多专家网络的股票推荐融合算法，并采用算例实验对模型算法的有效性进行了验证。

本书创新点主要有以下三个方面：

第一，基于投资者行为偏好视角，构建了股票投资者的用户画像标签体系和模型。现有研究虽然识别了大量的股票投资者购买偏好，但是依旧停留在传统的投资组合建议上，而用户画像的相关研究则聚焦于互联网用户的网络行为。本书将股票行业的用户投资偏好和用户画像技术跨界融合，采用股票的智能投顾的逻辑架构，建立了包括数据采集、数据挖掘及过滤、标签提取及重组的用户画像过程，从投资能力标签、行为特征标签、行业偏好标签、地域偏好标签与风险偏好标签五个方面构建了股票投资用户的画像标签体系，涵盖了事实标签、分类模型标签和评价模型标签；在此基础上，基于 Gradient Boosting、TOPSIS 和 FNS-LDA2vec 的算法优势，构建了投资者用户分类标签模型、评价标签模型和股吧话题偏好挖掘模型，并通过算例分析验证了模型的有效性。

第二，基于关联规则、基于股票内容和深度协同过滤，分别构建了投资者股票智能推荐子模型。目前，研究人员已经确定了关联规则、基于内容和协同过滤的推荐方式和技术的优点，但是算法仍然具有数据稀疏性、冷启动、长尾效应等问题。本书将三种算法分别进行了改进，针对关联规则利用其信息的联动优势，挖掘股票行业和股票指数的内部关联的行业联动与个股涨跌趋势，同时兼顾两个层面的信息，实现基于改进 Apriori 的股票推荐；基于内容推荐股票评论及金融事件，提出基于结构化信息股票盈利预估模型和多任务股票盈利预估模型，计算股票盈利的同时实现用户偏好匹配；针对协同过滤的数据稀疏性问题，通过股票池的模糊聚类和多阶段匹配，结合深度学习算法优化近邻协同过滤算法，生成个性化股票推荐列表。

第三，构建了数据预处理层、子推荐算法层、推荐算法融合层和模型效果评价层的融合推荐体系，以及混合多专家网络的股票推荐融合算法。目前，学术界已经从多个角度建立了个性化的混合选择方法，但没有运用到智能投顾的股票选择领域，并且此选择方法也是基于数据的混合，忽略了过程与体系的兼容性。本书立足于股票市场中智能投顾的股票配置，通过基于关联规则的 LZ-Apriori 算法、基于内容的 MSEEM 算法和基于深度协同过滤的 FCM 算法，搭建了基于混合多专家网络的股票推荐融合算法体系，构建了生产合成数据、混合多专家系统以及股票推荐融合（输入嵌入、多专家编码、门控网络和交互输出）的多阶段处理流程，并通过算例实验验证了算法的有效性。

本书不仅在理论上取得了重要突破，而且通过算例实验验证了模型的有效性，为智能投资顾问领域的发展贡献了新的思路和方法。相信本书的出版将为广大投资者提供更加智能化、个性化的理财服务，推动金融科技在投资领域的进一步发展和应用。

然而，我们也要清醒地认识到，智能投资顾问领域仍面临着诸多挑战和机遇。数据安全、算法可解释性、道德风险等问题仍待解决，需要我们不断加强技术研究和监管措施，确保智能投资顾问的发展符合金融市场的规范和道德标准。

未来，随着人工智能、区块链、量子计算等新技术的不断涌现，智能投资顾问将迎来更加广阔的发展空间。我们期待智能投资顾问在推动金融普惠、提升投资者素质、促进金融市场稳健发展等方面发挥更加积极的作用，为构建更加公平、高效、透明的金融生态做出更大贡献。

王刚龙

2024 年 4 月 12 日

目 录

第一章　绪论

第一节　研究背景

随着我国金融证券的迅速发展，投资者寻求满足其资产保值增值的理财需求不断攀升，实现差异化股票投资交易和收益偏好的个性化需求日趋明显。

在中国经济不断发展的背景下，人均收入也随之提高，同时越来越多的居民把资产配置方向转向股票，与其对应的股票金融市场也在这一进程中逐渐发展起来的。一方面，我国股票市场发展时间较短但规模较大；另一方面，我国市场的结构正在发生变化，市场体系包容性大幅提升，投融资功能显著增强，市场良性生态逐步形成。2022 年 6 月，在党的十八大以来金融领域改革与发展情况发布会上，中国证券监督管理委员会相关负责人介绍，2012~2022 年，股票市场规模增长 238.9%，债券市场规模增长 444.3%，两个市场均位居全球第二。例如，飞乐音响（600651）在 1984 年上市之后，在我国的证券市场上成长了将近 40 年，获得了卓越的成绩。据国家统计局研究，截至 2021 年 12 月 31 日，在沪深上市公司已超过 4600 家，企业的总市值已经超过了 91.6 万亿元，同时，A 股市场总流通市值为 75.02 亿元，较 2020 年末的 64.26 亿元增加了 10.76 亿元。根据中国证券业协会公布的《2021 年度证券公司投资者服务与保护报告》，截至 2021 年底，我国股票个人投资者已超过 1.97 亿人，基金投资者超过 7.2 亿人。2016~2021年，按照私人股东所拥有的股价占 A 股交易总估价比重，私人股东已经奉献了三成以上的股价股份，在个别年度私人所有者持有股票总价值占比更是超过了四成，其中，在 2021 年奉献了 63% 的流通市值，这一占比仅次于普通法人（Wei et al.，2017）。

与此同时，我国证券交易中"散户化"严重，个人投资者比例大是证券交易市场的典型特征。针对这一证券市场的特点，对广大的个人投资者来说：第一，对于这样大规模的股票市场以及对于专业知识储备不足的个人投资者来讲，怎样在如此海量的股票市场中选出优秀公司的股票并非易事（Joachims et al.，2017）。第二，如何最大限度地满足个人投资者资产保值增值的理财需求也成为当前市场发展的重要问题。全球股票市场不断创新高，为投资者创造价值的同时，我国股票市场却大起大落、震荡频繁，不但没有为投资者创造价值，反而因为个人投资者缺乏股票专业知识和良好的投资策略，无法对股票企业及行业背景逐个仔细分析，容易被市场情绪影响自己的交易策略，从而造成了一系列的家庭和社会问题。第三，选择了优秀的股票标的并不代表就一定能够赚钱，买入和卖出的时间点也是在实际股票投资过程中需要考虑的主要因素（Alvarez et al.，2018）。择股和择时，一直都是股票投资流程中绕不开的主要问题。基于上述现实情景可以看出，一方面投资者往往无法凭借自身经验对股票进行分析、预筛选，亟须寻求专业投资顾问服务；另一方面投资者的交易风险和收益偏好存在显著差异，单一的股票推荐难以满足投资者个性化的理财需求。

在金融大数据急速发展的背景下，智能投顾的不断兴起为投资者个性化的理财需求提供了可能，而个性化推荐技术则是其中关键。

在海外发展的中国证券市场中，机构投资者交易量已经大大超过了散户，机构通过专业的投资顾问为投资者提供更为客观和理智的股票交易决策。2008 年金融危机将传统投资顾问的服务成本高、服务对象少、道德风险高、职业技能差异大等问题和弊端凸显出来（Belkhir et al.，2018）。一些新型的 IT 企业针对这些传统投顾的问题，采用人工智能投资管理咨询（Robo-Advisor）将人工智能技术与顾客自身的投资理财需要相结合，通过建立动态计算模式进行大数据分析，并通过衡量顾客的风险偏好测算资金组合收益率，为顾客匹配合理的投资方案，从而完成了传统投顾中主要由人工进行的投资理财咨询业务，形成了一批以 Betterment 和 Wealth front 为代表的智能投顾公司。2016 年"阿尔法狗"战胜人类世界围棋冠军，展示出了人工智能算法的极大优越性，这也进一步推动了智能投顾的快速发展。一大批金融机构巨头企业如高盛、花旗、瑞银、嘉信理财等，也相继开始布局智能投资顾问领域。在业内，智慧融资顾问的服务理念已经越来越多地付诸实践，而部分较新型的创业企业和传统金融机构也进入了智慧投资顾问服务领域，并出现了一些如慧理查、微量网、平安一账通、百度股市通、京东金融和招行摩羯智投等新型服务平台，为投资者提供基金、股票等方面的投资顾问服务（Beyer et al.，2016）。

智能投顾的核心是个性化推荐技术。这主要是因为基于高增长的金融大数据而造成信息富余，同时造成了数据过载，用户难以获得所偏好的信息。个性化推荐也是克服数据过载问题最有力的工具，它可帮助用户获取其更加喜好的信息，但是基于大量、无序的投资者信息确定用户的喜好和推荐股票需要公司投入极大的计算成本。根据市场和股价这两个因素的特点，制定有针对性的策略有着巨大的研究与实践意义（Brogaard et al.，2017）。推荐技术的核心之一是协同过滤，其假定使用的评价模型之间存在相似之处，相似性较大的目标用户对某个项目的评价也相似，使用与目标用户评价模型相似的用户集（近邻集）对某个项目评价来预测目标用户的评价。协同过滤能够利用相似度的方法发现用户可能感兴趣的物品（Crane et al.，2016）。尽管协同过滤的技术因为方法简单和推荐效果显著而获得广泛应用，但既有的方案中大多根据的是历史情况，以及人口统计学特性，度量用户的个性化倾向进而提出相应内容。日益增加的结构化交易数量以及错综复杂的社交网络关系，使个性化推荐无法有效实现，并且普遍存在着数据稀疏性、冷启动、长尾效应导致的股票无法被有效推荐等问题，造成了推荐的效率低下，制约了推荐系统的发展。

股票投资者偏好行为和用户画像相关研究的融合，为破解智能投顾情景下投资者股票的个性化推荐提供了新的理论视角。

在金融业大数据分析迅速发展的背景下，与证券投资人有关的各种数据量增长很快，证券投资人的活动数据经常以各种形态被录入，如投资者的行为偏好、投资偏好、自身情绪等。上述投资行为数据均能准确地体现证券投资者的行为特点与兴趣爱好，并能刻画出证券投资者各层面的投资倾向与特点。证券投资者行为数据包含的资料真实准确且信息量丰富。与此同时，在国内外有关构建用户画像的文献中，根据画像目的的不同，所刻画的画像维度也有所不同。画像维度又按不同的功能需要，分成了固定画像与不确定画像。例如，利用社会化网络上的大量用户数据信息刻画用户画像，一般要求深度挖掘使用者所发表的文章信息内容，深入刻画使用者在各种主题下的兴趣爱好，但此情景下产生的用户画像角度会因应用领域而异，各应用领域的画像角度也无须统一，而有关应用领域则多是向用户介绍感兴趣的热门话题、资讯等（Conrad et al. ，2009）。若需描述用户的一些具体特性（年龄、性别等）或某些方面的需求，则须采用相对固定的画像维度。当画像维度不固定时，可从多种视角构建用户画像，维度不一致会导致关联用户困难和推荐指定产品不精确等。为保持固定画像维度、实现精准刻画用户领域画像的目标，可采用自行定义画像维度的方式，合理的画像维度定义有利于后续的画像应用。但是该方法亦存在难点，即需要首先解决如何科学地定义画像维度的问题。

然而对于股票投资者而言，基于偏好行为的用户画像是实现精准推荐的关键。在现有基于偏好行为研究用户画像的文献中，常用的数据类型有三种：一是股票市场的交易数据，但股票单方面的价格与行业波动数据难以反映出股票投资者的画像维度。二是股票投资者产生的文本数据，该类数据主要采用交易平台股票投资者产生的文本数据刻画用户画像，如刻画股票投资者的职业、识别用户感兴趣的板块。由于数据的天然优势，该类数据能刻画股票投资者的主观情绪和情感值，挖掘其态度及其原因。但这也存在一些问题：不同股票投资者有不同的文本表达习惯、不活跃的股票投资者不会在交易平台上产生太多的数据，所以很难仅凭部分活跃股票投资者用户的网络数据刻画精准的全部用户画像（Asadifar & Kahani，2017）。三是股票投资者的交易行为数据，该类数据主要描述股票投资者在不同时间购买的股票信息，且数据中蕴含了大量客观的股票投资者信息，可用于股票投资者行为分析和购买偏好识别。这类数据可以很好地解决前两种数据存在的问题，因为交易数据是获取用户信息最普遍方式。

第二节　研究目的及研究意义

一、研究目的

本书将运用国内外智能投顾和个性化推荐的理论和研究成果，探讨股票投资者智能投顾的用户画像和股票智能推荐算法，试图达到以下目的：①识别股票投资者的用户偏好，构建面向智能投顾的用户画像与分类模型。②基于既有的推荐算法，从关联规则、内容和协同过滤三个方面构建不同适用情景下的推荐子算法。③从前期、中期和后期三个层次出发，建立面向客户的证券智能推荐混合模式，以此增强客户证券的推荐效力。由此可见，本书研究有着重大的理论意义和实践意义。

二、研究意义

1. 理论意义

（1）本书针对证券投资用户的基础条件、交易习惯与社交属性，设计了股民用户画像的标签体系、XGBoost 用户分类标签模型和 TOPSIS 用户评价标签模型，丰富和完善了股票智能推荐的理论模型和概念模型。

（2）本书提供了基于关联规则、基于内容和基于协同过滤技术的股票智能推荐子模型，采用数据挖掘和个性化推荐的理论和方法设计了推荐的核心算法，进一步深化和完善了股票投资者画像、股票选择以及推荐的理论体系和方法。

（3）本书提出了面向投资者的股票智能推荐混合模型，揭示了股票投资者画像和股票精准推荐之间的逻辑关系。

2. 实践意义

（1）本书丰富了股票智能推荐的模型，可以为证券公司开发针对散户投资者的股票智能投顾系统提供模型参考。

（2）本书提出的股票智能推荐子算法对开发股票智能投顾系统具有一定的借鉴和参考价值，可以为散户股票投资者提供个性化的服务，具有重要的现实意义。

（3）本书根据所设计的理论模型、股票投资者动态精准画像算法、股票选择与推荐算法及股票动态评价算法设计了面向股票投资者个性化服务的股票智能推荐模型，为企业在实践中开发股票智能投顾系统提供了借鉴意义。

第三节 研究内容与研究方法

一、研究内容

本书将运用智能投顾和个性化推荐的相关理论，研究股票投资者的推荐算法模型。在构建股票投资者的用户画像，探究基于关联规则的股票智能推荐子算法、基于内容的股票智能推荐子算法、基于深度协同过滤的股票智能推荐子算法的基础上，形成面向投资者的股票混合推荐算法模型。通过建立的推荐方法验证模型的有效性和准确性，为股票智能投顾在科技金融领域的广泛应用提供理论和方法，主要研究内容包括：

1. 股票投资者的用户画像标签体系设计和模型构建

在股票投资用户画像构建流程的基础上，首先，本书通过搜索基础属性、交易行为和社交行为三个方面的画像指标，构建了股票投资者事实标签、分类模型标签和评价模型标签的用户画像标签体系；其次，通过层次分析法确定了用户画像特征指标体系的权重；最后，结合 Gradient Boosting 算法学习机制，构建了股票投资者的用户分类模型，并通过基于 TOPSIS 方法对投资者进行了评价，验证了股票投资者的用户画像标签体系分类与评价模型的有效性。本书通过股吧文本数据构建了投资者话题偏好挖掘模型，并对股票投资者进行话题偏好画像。

2. 基于关联规则的股票智能推荐子模型

本书基于改进的 Apriori 算法（刘丽娜和吴新玲，2021），挖掘各股票板块之间涨跌的关联性，并从我国政府对证券市场的干预、公司自身运行状况、市场技术发展水平和经济成长周期四大方面剖析了股票板块之间的相互联系因素，进而在公司盈利能力、经营管理能力、经营能力、资产负债率、现金流量与技术发展力量六大类指标中展开了相关规律挖掘；最后，通过 K-Means 算法对股票进行聚类分析，识别出股票投资者有效的投资标的范围，从而构建了行业推荐和股票智能推荐的模型算法。

3. 基于内容的股票智能推荐子模型

利用股票文本数据可结构化改造的性质，针对基于股票评论及金融事件，本书提出通过金融事件词典适配文本数据，通过细粒度事件结构的股票盈利预估和细粒度事件提取，并采用 Multi-view Stock Earnings Estimation（MSEE）模型（Beheshti & Sedghizadeh，2018），构建综合考虑股票文本信息和股票交易数据的股票盈利预估推荐方法框架。此外，本书基于 Scrapy 爬虫进行股票评论采集，实现了基于内容和 Word2Vec 的推荐算法，然后通过对比实验证明了算法的有效性。

4. 基于深度协同过滤的股票智能推荐子模型

本书对股票检索问题进行了形式化描述：首先，从用户画像中所得的五个用户表示维度，对股票池中的股票进行模糊聚类；其次，基于用户不同特征的偏好强度，结合模糊聚类结果进行多阶段股票匹配，缩减股票池中股票的数量，并进行了算例分析；最后，结合深度学习算法，优化近邻协同过滤推荐算法，生成个性化股票推荐列表，并与多阶段股票匹配结果取交，生成最终推荐列表。

5. 面向投资者的股票混合推荐算法模型

本书设计了股票混合推荐的模型框架，在股票涨幅数据处理和股票文本处理的基础上，将基于关联规则的股票智能推荐子算法、基于内容的股票智能推荐子算法、基于深度协同过滤的股票智能推荐子算法相互结合，形成了推荐算法前期融合、中期融合和后期融合的三阶段模型；通过推荐效果的评价指标选择，对经过融合的推荐算法进行了性能分析，根据时间复杂度和空间复杂度的计算结果，验证了面向投资者的股票混合推荐算法模型的有效性。

二、研究方法

1. 文献调研法

通过深入阅读相关文献，包括个性化推荐系统、投资者行为分析和股票市场研究等领域的文献，综合分析已有研究的理论框架、方法和关键发现；考察不同研究方法的应用情况，以确定研究的理论基础和可行性，并从中提炼关于构建基于投资者画像的股票个性化推荐模型的启示。

2. 案例研究法

选择具有代表性的个性化股票推荐案例，关注那些明确采用投资者画像的模型；分析这些案例的成功之处以及可能遇到的挑战，考察实际应用中的问题和解决方案；通过深度挖掘案例，为构建更具实际效用和稳健性的推荐模型提供借鉴。

3. 多学科交叉法

多学科交叉法是将不同学科的理论、方法和知识融合，以更全面、更深入地探讨"基于投资者画像的股票个性化推荐模型"的研究问题。在本书中，多学科交叉法可涵盖金融学、计算机科学、统计学和行为经济学等多个领域。通过整合金融学的投资理论、计算机科学的推荐算法、统计学的数据分析方法以及行为经济学的投资者行为研究，该方法有望为构建更具理论基础和实际可行性的个性化推荐模型提供综合性的解决方案。通过多学科交叉法，可以深入挖掘不同领域的专业知识，推动理论和实践相结合，为投资者提供更智能、更符合个性化需求的股票推荐服务。

4. 消融实验法

消融实验法旨在验证个性化推荐模型中各个关键因素的影响，如投资者画像的引入、历史交易数据的利用以及市场因素的考虑等。通过逐步去除或调整模型中的特定组成部分，研究者能够评估这些因素对推荐模型性能的贡献程度，从而深入了解模型的关键构建要素及其对推荐准确性的实际影响。这一方法有助于揭示模型的鲁棒性，为构建更加可靠和有效的基于投资者画像的股票个性化推荐模型提供实证支持。

第四节　本书框架

根据以上内容，确定本书的研究章节如下：

第一章为绪论。该章重点阐述本书研究主题选取的实际背景和理论背景，同时引申已有文献中所包含的研究问题。在此基础上，阐明了本书研究目的与研究意义，之后根据研究目的与研究意义制定研究重点和研究框架。

第二章为理论基础与文献综述。该章对和本书研究课题有关的基础理论和资料加以全面的整理与归纳；介绍了传统投顾与智能投顾的意义、类别、运作流程与算法；介绍了用户画像的内涵、表达手段、产生过程与路径；研究了协同过滤的方法、基于内容、基于关联规则和混合的推荐算法，以及股票个性化推荐过程中的投资分析和选择推荐的相关研究；最后，指明了研究现状和不足之处。

第三章为股票投资者的用户画像标签体系设计和模型构建。该章在股票投资者目的和过程解析的基础上，提出了本书的整体研究思路：首先，建立股票投资者用户画像的流程，并给出股票投资者用户画像的标签结构，然后采用 XGBoost 法（崔艳鹏等，2018）建立分类模式；其次，采用 TOPSIS 法（王志平等，2022）给出客户标签描述模式，并根据算例对模式的正确性进行测试；最后，通过股吧文本数据构建投资者话题偏好挖掘模型，并对股票投资者进行话题偏好画像。

第四章为基于关联规则的行业推荐和股票推荐模型构建。该章通过问题的描述与提出，基于改进的 Apriori 算法，提出股票行业和股票指标的关联规则计算。在数据准备与预处理的基础上，一方面按照股票板块进行关联规则挖掘，并对板块间联动的原因进行分析；另一方面针对股票各项指标进行关联规则挖掘，并对关键指标进行聚类分析，为股票投资者提供相应的推荐列表。

第五章为基于文本内容分析的股票推荐模型构建。该章通过问题描述，构建基于股票评论及金融事件的股票推荐算法，在细粒度事件结构的股票盈利预估、细粒度事件提取的基础上，基于 Stock Earnings Estimation（SEE）（Zhang & Zhu，2021）和 Multi-view Stock Earnings Estimation（MSEE）模型预测股票盈利概率、筛选得到股票推荐的候选集；通过内容和 Word2vec 相结合的方式对股票的推荐算法进行了检验。该章通过算例验证了算法的有效性，可为股票投资者的推荐服务提供借鉴。

第六章为基于深度协同过滤的股票推荐模型构建。该章对投资者投资目标与投资过程进行了解析，获得了股票检索问题的形式化描述；对股票池中的股票进行模糊聚类；结合深度学习算法优化近邻协同过滤推荐算法，生成个性化股票选择列表，并与多阶段股票匹配结果，生成最终选择列表。

第七章为股票混合推荐算法模型。在建立子推荐算法框架的基础上，该章引入股票涨幅和对股票文本信息的预处理，先后从基于关联规则、基于内容和基于深度协同过滤三个角度，进行子推荐算法的前中后期三个阶段的融合，并利用时间和空间的复杂性计算检验了模型的合理性和有效性。

第八章为结论与展望。该章首先回顾和概述了全书的研究成果；其次介绍了由结论所引申出来的启示与政策意见；最后提出了全书研究的局限，指出了将来应该研究的方向。

本书的研究框架和技术路线如图 1-1 所示。

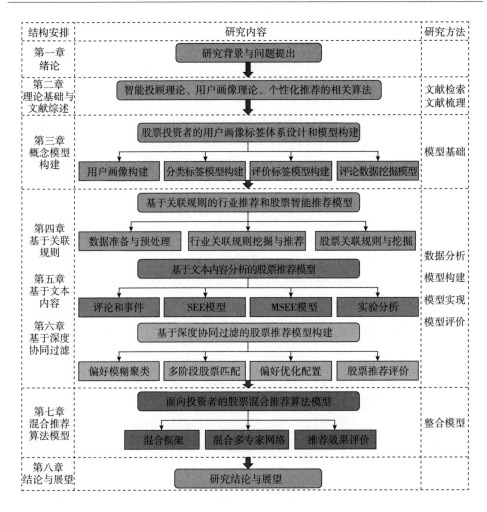

图1-1 研究框架和技术路线

资料来源：本书整理。

第二章　理论基础与文献综述

投资顾问从传统的主要靠人工经验分析的线下面对面咨询服务，逐渐演变成了如今结合互联网技术的多场景线上金融服务。同时，随着中国高新金融科技的迅速发展，传统投资顾问已逐步发展成为智能投顾。智能投顾的日益发展给投资人更多样化的投资理财需求带来了实现的可能性，已成为财富管理领域的一个高度智能化的投资咨询平台。其可以通过智慧判断投资人的风险偏好，并通过计算模拟出与市场情况相符的资产配置建议，为投资者购买股票提供了个性化的选择空间；而提高智能投顾学习效率和准确性的个性化推荐技术是智能投顾中的重中之重。因此"用户画像"等方法为智能投顾的个性化推荐提供了具体的参考方向。目前，主要的个性化推荐计算有协同过滤的推荐计算、基于内容的推荐计算、根据相关准则的协同算法和混合推荐计算。其中协同过滤的推荐计算方法成为智能投顾的优选算法，但其面临着数据稀疏性、冷启动、长尾效应导致的股票难以被推荐等问题，进而导致推荐的效率低下，因此，本章主要汇总了与研究主题相关的理论基础以及文献综述，以期从相关文献中了解智能投顾中股票的个性化推荐方法与技术，这对实现股票投资者精准化的理财服务具有重要的理论价值与现实意义。

第一节　投资顾问与智能投顾

一、投资顾问

按照中国证券监督管理委员会公布的《证券投资顾问业务暂行规定》对投

资顾问工作的界定（涂明辉，2017），投资顾问服务是指由公司、证券市场投资咨询服务管理机构受投资者委派，并依托有关法规，向股东提供的融资咨询业务，服务内容一般涉及融资产品筛选、融资产品和理财方案推荐等融资咨询项目，通过此类工作可以帮助委托人对融资项目进行决策，并由此直接或间接地获取资金利益。依据融资咨询业务所在的环境可将融资咨询业务分为传统融资咨询服务、网络背景下的融资咨询服务，促使相关研究围绕这两大类别展开：

1. 传统投资顾问

（1）投资顾问的概念方面。王垚（2013）强调投顾服务的实质就是提供意见，通过给客户提供品种选择、投资组合和理财计划意见，直接或间接地获得经济收益。在从零售业务逐渐成为商业银行战略服务的大背景下，王光宇（2011）讨论了商业银行对发展个人融资咨询业务的重要性，并构建了证券机构和商业银行个人投顾服务体系。方俊等（2007）则全面剖析了当前国内外证券公司的竞争态势，并认为在当前情势下，证券公司的战略转型必须从价格战变为服务方面的竞赛，而未来竞争的重点则将着眼于服务；投资顾问则是服务质量的根本表现。Glenn（2011）对资本市场的盈利均衡模式进行了探讨，重点考虑了投资理财产品营销活动中投资咨询的风险与报酬，对证券投资咨询的盈利模式提出了很好的思考方向。

（2）投资顾问的作用方面。Ellis等（2006）对证券公司的相关因素展开分析，认为排序靠前的三个相关因素依次是企业声誉、成本费用收取和盈利能力，由此指出了提升股票公司实力的关键路径：通过提供专业化服务，提升顾客口碑，进而保持良好企业声誉，从而实现整体竞争力的增强。Lu（2007）以投资人的多元化程度为理性投资模式的典型对象，考察研究了资金咨询服务在实现理想投资模式方面的重大作用。Puntoni 和 de Langhe（2016）从项目管理融资交易的角度讨论了投资顾问应承担的关键责任，对充分发挥专业资金顾问公司在项目管理融资交易过程中的重要角色进行了深入分析，对预防金融风险和推动市场的健康发展有着重要意义。

2. 互联网背景下的投资顾问

（1）互联网投资顾问的未来趋势。Brito等（2010）指出，区块链技术在券商融资顾问领域的拓展对融资顾问行业发展产生了促进作用，以及在当前金融服务网络背景下需要加强对政策金融监管方面的一些相应举措。周杰和薛有志

（2008）对网络条件下券商投顾行业的困境做出剖析，并提出对策，指出中国传统券商行业正步入变革期，雇佣方式导致金融服务单一化，需要借助网络建立的金融服务网络平台提高投顾行业的竞争力。巴曙松（2017）则主张金融技术要应用于人工智能和区块链等技术中，把资金和技术加以集成，才可以实现运行成本的减少及运营效益的提高。

（2）互联网投资顾问的作用。黄蕊（2016）曾对互联网条件下的券商基金服务做过研究，认为"互联网+"方式能够对服务成本进行有效压减，从而提升业务质效，打造互联网的金融服务创新方式。王文杰（2018）指出，金融技术将引起金融服务领域颠覆性的变革，不仅可以提供良好的服务及高效率的运营质量，而且降低了运营成本。金融技术在股票投资领域有着智能投顾、数字化买卖等更广泛的运用市场。

二、智能投顾

智能投顾业务属于新兴市场的投资产品，中国的有关文献研究主要集中于2016年以后。目前，学者们大部分在概念、流程和算法等方面对智能投顾进行分析。

1. 智能投顾的概念

Monica（2014）认为，智慧投顾是一款利用大数据分析技术，通过智能创造适合用户需要的投资产品的投资顾问工具，是未来将被大量使用的一款智慧理财工具。Schillinger 等（2015）指出，智能投顾是基于 Markowitz 均值-方差的模型结构的智能自动投顾平台，可以给用户带来方便。徐慧中（2016）认为，人工智能投顾是现代化投资管理咨询，其所提出的咨询服务是多样化且富有个人特征的。吴畏（2000）则相信人工智能投顾可以根据资产配置原则，或者根据投资人需要，利用智能算法提出投资管理意见，并进行决策。多篇文献针对在金融系统、股票公司以及初创企业等领域进行的人工智能投资顾问业务开展了研究，这些研究认为人工智能投资顾问业务是把人工智能技术与市场信息进行了深度融合，但未来的研究还需进一步从人机结合、计算机互动、线上线下互动服务等领域开展深度探讨，从而实现人工智能投资顾问向整个金融体系业务的广度与深度、横向和纵向拓展。人工智能投资顾问业务是一个现代化的融资工具，通过大数据手段帮助用户开展自主判断，获取融资需求、风险容忍度和未来收益等相关数据，并进行恰当的投资推荐组合。黄林和李长银（2017）深入研究了智能科技对银行业发展的深远影响，使智能科技在金融服务行业投资咨询等诸多方面实现了高效运用，并克服了传统银行业体系中技术应用层面较少、大数据基础建设不稳固、存在诸多隐患等问题，有效推进了商业银行的智能变革进程。

2. 智能投顾的类别

从智能投顾服务的市场竞争格局（Li & Wang，2020）来看，主要包括：

（1）基于传统金融机构搭建的智能投顾平台。此类智能投顾平台的核心优点是其通过在传统行业的运营积淀获得大量的信息，线下机构网点的实地核查可以使其获得的信息进行交叉检验，更好地确定投资人真实风险容忍度、投资倾向及其基础属性。另外，中国银行拥有多项金融牌照，极大地扩充了智能投顾业务的可配置平台资源，通过借助网络和人工智能技术完成其线上融资咨询业务。

（2）基于财经门户建设的智能投顾平台（Yonvitner et al.，2021）。此类智能投顾平台的核心竞争力在于其长期运作中累积了活跃的核心资产管理人和专门人员，利用数据分析向客户输送投资数据与信息，通过专业化的客户凝聚力，将金融机构资产选择引入门户资产管理，依托金融品牌进行可选核心资产综合推荐。

（3）金融科技公司建立的智能投顾公司。此类智能投顾平台的核心竞争力就是其所提供的金融业解决方案。利用信息技术的力量在资产管理领域渗透，通过互联网的海量交易大数据分析、云计算技术以及互联网获客和管理提供基于顾客群体的融资咨询方案。

（4）基于互联网巨头建立的智能投顾服务平台。此类智能投顾平台的核心竞争力在于公司通过网络经营平台积累的大批客户信息，具备大量的用户渠道。另外，在技术与业务应答能力方面具有绝对优势，可以拥有相对完善的产品服务，在用户数字化体验领域拥有丰富的体验，可以实现多元化智能投顾业务发展。

3. 智能投顾的运作流程

智能投顾是基于马科维茨提出的投资组合理论（Miroforidis，2021），目的是给定利益与风险二者中任何一方，并谋求对另一方利益最大化的要求下，可以综合利用此资金，将之散布于财产项目，以降低投资风险。其大致的运作过程包括：

（1）客户档案建议与管理。智能投资顾问平台向顾客提出投资推荐意见的前提条件是经过市场测评、熟悉客户特征并建立客户档案。在信息获取和评价过程的设定上，智能投资顾问平台采用线上流程，能够比一般融资咨询更加流畅、便捷，只需要网上填报调研问卷，获取客户年龄、收入、家庭情况、流动资产投资总额、期望回报率、风险容忍度等关键信息，再加以分析总结，即可完成客户的初始画像。

（2）投资分配意见。按照投资组合理论构建模式，在大类负债设置中，按照不同类型的投资区域（国内、境外）和投资期限（长线、短线）对投资产品实行类别推荐，并通过智能投顾业务基于资产库中的各类产品构建完善的投资组合。

（3）交易执行。智能投资顾问服务将通过强大数据挖掘能力与机器学习技术相结合的方法对产品价值进行准确评估；同时，针对用户需要推荐不同类型的基础资产加以适配，并进行资产配置推介工作。在产品交易实施阶段，用户交易后将进入金融机构开立的产品交易账号，同时实现第三方委托，由智能投资顾问平台根据用户买卖意向为其发出买卖指令，从而完成对产品依照指令的买进与卖出，实现交易。

（4）智能再平衡。当智能投顾平台接收到市场最新的资讯或事件时，其依据市场变动对资产配置组合做出适当调整，从而完成资产配置的智能再平衡，全面提高组合资产收益率，从而更好地适应客户需要。

（5）更新用户画像。智能投资顾问可以随时依据用户信任状态，以及用户财务数据和其他财务数据的变化，对原先设计的用户画像进行信息调整，新的用户画像将给智能投资顾问的未来财富分配计划的制订带来变化，并最终在调整流程中完成动态平衡。

4. 智能投顾的算法

为了降低对模型设计的主观意见干扰，Day 和 Lin（2019）等通过均值—方差建模方法，融合大数据分析和深度学习的技术，通过生成资产匹配权重，建立符合投资人需要的资产配置。薛敬明（2018）等还给出了一种多核极限学习算法——IMK-ELM 模式，该模式初始化了训练系统，并通过实践证明了这种模型处理机器人作为顾问的可行性；另外，他们还给出了一种基于金融社交系统中的协同过滤算法的群体推荐模型，该模式考察了工作团队和个人风险偏好间的关系及相互作用。Lee 等（2000）等根据稳定资金结构的推荐问题给出了两种凸型模式，该模式所提供的稳定资金结构都具备鲁棒性，其实证分析结果证明了其所给出的模式在建立稳定资金结构领域方面的效用。

第二节　用户画像的相关研究

一、用户画像的概念

用户画像（User Profile，UP）是指通过使用者的特征和行为信息等，获得使用者特性并为其"贴标记"的行为，其来源于信息设计与交互设计的范畴。2006年，信息交互工程设计之父——Alan Cooper 首先明确提出了用户画像的概念，认为用户画像是基于真实信息而构造出来的用户数据模型，是一种将信息虚拟化的表现方式。按照不同使用者的行为与动机把使用者细分成不同的类别，并据此提炼出每个类别的使用者的共性特点，并设置名字、图片、场景等要素对其做出具体说明。基于 Alan Cooper 的定义，Ji 等（2007）等进一步提出，使用者画像就是拥有名字、照片、兴趣和喜好的原型使用者，而这种使用者将成为一个角色，被"设计师"们创建并更好地认识和巩固使用者的重要性。随着大数据分析科技的蓬勃发展，基于大数据分析技术的使用者画像研究也不断深入，学者们开始结合大数据分析特征对使用者的画像概念展开重新诠释。刘海东和卢慧等提出使用者画像是由消费者在线访问、点击、留言和评价产生的三维数据的集合体。Quintana-Orti 和 Geijn（2008）等把使用者画像界定为"从数据中提取的用户信息构成的图像集"，利用这种画像集合体，就能够说明使用者的主要需求、个性化喜好和兴趣。谭浩等（2017）则认为，用户画像是根据推荐的角色分门别类，再根据所分类型分别加以描述，从而可以知道他们的生存状态、生活形态、家庭状态、社会形态等信息。在研究者们对用户画像的概念进行的一系列表述中，总结出了关于用户画像的定义，即用户画像是在大数据的背景下，通过数据的各种静态特征和动态特性（如基本信息和行为数据等）所产生的数据全貌，并有一些显著特点的大数据群体的概念性模型。

二、用户画像的呈现方式

1. 个体用户画像

个体用户画像是指通过抽取每一个用户的特点，对不同特点打上不同的标记，以此达到对不同个体的区别。建立了个体用户画像，就可以进一步掌握不同用户的特点、习性和需求，进而对用户行为进行预测研究。如 Sumner 通过对比2927 个 Twitter 用户的个人信息和语言特征，来分析用户的反社会特质和五大性格特点，进而确定用户具备反社会人格特质的概率。Chikhaoui 等（2012）提供了一个根据使用者间的关系建立个人用户画像的模式，通过各种方法和过程自动化获得个人各种行为过程的特征，以此进行对个人行为的认识和行为的分析。韦良珍（2018）还将用户画像研究方法用于图书馆业务领域，利用深入分析用户的检索历史、借阅情况等大数据，建立起通过大数据分析的图书馆读者的用户图像，并根据使用者的实际需要和兴趣偏好，向使用者提供更加细致和人性化的咨询服务。龚新刚等（2016）采集和梳理了中国读者在图书馆保存的个性化基础信息资料、在馆应用记录以及与阅读有关的学术资讯，并通过文献分析提取读者群体特征信息，对读者群体进行心理建模并形成用户画像，以此掌握读者群体的偏好与需要。

2. 群体用户画像

群体用户画像是指对某个用户群体特征做出刻画。例如，Lerouge 等（2013）通过用户访问和实验方法收集慢性病患者数据并建立图像，同时根据群体需求特征，为其开发了智能手机端的糖尿病管理程序。Marshall（1998）也在产品设计流程中为客户提供图像，通过研究客户图像中的隐含信息，为不同目标群体的客户设计差异化的产品设计。Liu（2018）通过序列挖掘和聚类算法，基于人的行为来识别人群，建立多特征的决策树以改善图像品质，提供在移动医疗中实现人群识别。张哲（2015）利用 K-means 聚类方法研究了微博，将粉丝分组并用一个抽象的短文本来描述每一个用户。赵曙光（2014）经过广泛调查，提取了用户使用社会化媒介的基本动机与行为特点，将高转化率的社交用户细分成了五类，并为各个类型的用户单独设计了产品，以提升产品的用户体验。韩梅花和赵景秀（2017）运用机器学习算法，在用户数据中抽取具有抑郁症情感的关键词，进而制作"抑郁症情感字典"，统计用户的抑郁症指数并形成对具有抑郁症情感用户的心理画像，为具有抑郁症倾向的用户推荐相应的治疗资源。

三、用户画像的构建过程及方法

用户画像的形成流程一般分为三个阶段：数据采集、特征提取、模型构建与表示。每次建构过程都需要一定的技巧与工具支撑，下面本书就这三个阶段及相应技术分别加以介绍与总结。

1. 数据采集

社会调查收集法，是指一种利用调查、深入访问、社会观察、现场调查等手段获取用户信息的较为常规而耗时的方法。例如，Zhou 和 He（2009）通过对用户开展问卷调查，研究用户个性特点后，对用户的个性特点进行建模并将其描述在用户画像的某个层面。网络数据信息采集法，是指利用数据挖掘方法收集用户通过社交软件或公众网站上留下的公开信息，一般专门收集用户在微博、Twitter、Blog 等社交网络上留下的信息。具体方法如通过爬虫方法，收集用户的社交网站注册时间、发表时间、留言、评价等信息；在网络数据库系统中直接收集用户信息，即在现有的或已获得用户的数据库系统中，直接收集用户留存信息，如利用图书馆系统、网络平台、图书馆信息资源共享平台系统的用户数据库直接收集各种数据信息。

2. 特征提取

特征提取就是在已获得的用户数据的基础上，对数据加以归纳与梳理，并利用图像数据抽取技术筛选并将数据分析为最能体现用户特质的结构，然后在此基础上进行处理并最终获取用户标签的技术流程。目前常用的图像数据抽取方式有贝叶斯分类法、随机森林、K-means 聚类计算法、决策树、支持向量机、主题模拟、神经网络、TF-IDF、协同过滤等技术。利用这些方法对具备同一或类似属性的数据进行整理和聚合，对所聚合的类别做出相应划分后即可将其贴上标签，以作为建立用户图像的具体维度。而根据画像的不同目的，最终刻画的图像维度也有所不同。图像维度因不同的业务需要而分成稳定图像与不稳定图像。因此，利用社交网络中的大量用户数据刻画用户画像，往往需要深度挖掘用户所发出的文字信息，刻画用户在各种话题下的注意力，在此前提下产生的用户画像角度会因应用而异，各类应用的画像维度也无须统一，多是向用户介绍有趣的主题、信息等。若需描述使用者的一些具体特征（年龄、性别等）或某些方面的需求，则采用相对稳定的画像维度，相关产品多是向使用者介绍各种具体产品。当画像维度不固定时，可从多种视角构建用户画像，维度不一致会导致关联用户困难和推荐指定产品不精确等后果。为了确保固定图像维度，并达到精确刻画用户领域图像的目的，可以通过自动定义图像维度的方法。合理的画像维度定义有利于后续的画像应用，但该方法亦存在难点，即解决如何科学地定义画像维度的问题。

3. 模型构建与表示

模型构建与描述最主要的目的就是直接表达用户的特点，对用户标签的表达则比较偏重，因而要选取最能反映出用户特性的标签加以描述。而对于采用特征提取技术所得到的用户图像标签，则需要根据其重要性采用权重值加以描述，比较常用的加权算法包括 Page Rank、TF-IDF、BM25 算法等。在对标签初步加权后，就可以进行模型构建。而构建用户画像模型也并非一次性进行的，而是必须对模型进行逐一细分，然后进行反复迭代、优化调整，直到最终产生最能反映客户特征的图像。进行用户画像的另外一个优点就是直观简单，可以让消费者及有关研究人员很快地得到相关研究成果。用户画像模式在形成后就必须通过可视化形式展示出来，当前最常用的表现方式包括名词应力场、雷达地图、动态数据图表、大数据统计图、表格等。

第三节　个性化推荐算法的相关研究

一、基于协同过滤的推荐算法

1. 协同过滤的推荐算法类别

协同过滤（Collaboration Filtering，CF）算法是目前使用最广泛、最有效的推荐方法。在该算法提出之前，大多是基于用户的最近邻算法（User-Based Nearest Neighbor Algorithm），但随着电子商务的高速发展以及使用规模越来越大，根据用户的最近邻算法对应用进行推荐的有效性已无法适应网络和平台的需要。此时部分研究者发现，现阶段用户数量迅速增长，而商品的数量较于前者却比较"稳定"。因此基于物品的最近邻算法（Item-Based Nearest Neighbor Algorithm）逐渐被各大电商平台使用。

在假定消费者的用户偏好在特定时期内不变的情况下，协同过滤算法演化成了一些推荐算法：①基于消费者的 CF 算法。作为最初的 CF 算法，这种方法先是对消费者间的相似程度进行统计，继而通过与目标消费者相似用户的购物记录，向目标消费者推荐其所未购买过的产品。②基于产品的 CF 算法。这种方法机理与基于消费者的 CF 算法相似，在统计出产品间的相似程度后，根据消费者的购物数据，向目标消费者做出推荐。③基于信息的推荐方法。该方法先通过客户的行为信息为其建立一个用户画像，再根据相关信息的相似程度，对其客户制作推荐列表。④基于数据的推荐方法。此类算法通过考虑用户之间的交互行为，对用户感兴趣的内容进行推荐。⑤基于社会关系的推荐方法。这种方法通过对用户进行社交圈内容分析，找出该用户与社交圈内其他用户的相似度，在找到相似度之后再对目标用户感兴趣的内容进行推荐。⑥基于地理位置的推荐。该推荐方法包括用户地理信息，在分析地理信息对用户影响之前先进行协同过滤分析。

2. 协同过滤的推荐算法面临的问题

由于推荐系统在各行各业中的应用越来越多，"用户—商品"评分矩阵的稀疏性也随之越来越复杂，对矩阵进行处理也越来越困难，对商品或者用户进行推荐的效果和效率都不如以前，这导致协同过滤算法存在两种问题。

（1）用户的评分矩阵稀疏问题。用户评分矩阵稀疏问题会出现的重要原因在于评分矩阵会随着用户和商品数量的增加而增大。其中一定会有用户对有的商品并未有过购买或者评价，个体用户的购买商品数量一般是有限的，在评分矩阵里，0元素只是代表了用户对这个商品还没有下单历史，所以它不能够体现用户对这个商品的喜爱程度。过于稀疏的评分矩阵无法精确体现用户、产品间的接近程度，可能会明显降低搜索用户喜好产品的准确率，这提升了推荐难度。针对这一问题，Xia 和 Jun（2016）采用平均填写的方法，根据其他人购买过该商品的分数的平均值，对使用者未购买商品的分数予以填补，用填补后的矩阵作为协同过滤算法推荐。Gong（2009）采用了 CBR（Case-Based Reasoning）技术来填补使用者未购买商品的分数，基于欧氏距离寻找与目标用户相似度较高的使用者集，以用户群内对该商品有过的分数为依据，对目标用户的商品评价数据予以填补，再根据填补后的分数矩阵予以推荐。冯兴杰和生晓宇（2021）提供了深入学习模式，以获得目标消费者群和产品之间的深层非线性特征向量关系，并设计了融合评价矩阵和评分文本的建议模式。何明等学者设计了一个根据消费者兴趣与喜好归类的协同过滤推荐方法，通过构建用户偏好矩阵和聚类分析，填充各个类别的稀疏矩阵。

（2）可扩展性问题。对于可扩展性的问题，一般的方法是在计算相似度时大部分采用余弦相似度来计算，例如，先找到与目标用户相似度高的用户，再从找到的用户所购买的商品里进行推荐。Sarwar 等（2017）将相似的评级模式进行分组、归纳到特定集群中，缩小了在计算相似度时所考虑的范围，有效地减少了计算量，在保证预测精度的同时显著提升了网络的性能。Gong 等（2008）对评分矩阵使用 K-means 算法进行聚类，而后将评分矩阵看作聚类集群进行分析。例如，针对某一个用户，这时离它最近的群体是最大的，而对于用户的协同过滤方法就可能限制了该群体的范围，该方法只是对用户展开了聚类而忽视了用户和产品间的关系。桑治平和何聚厚（2014）通过贝叶斯概率方法分析了用户的属性，在利用灰色关联相似性法和 Hadoop 的基础上，提出将多个属性协同过滤的方法，这大大提高了推荐的可靠性和准确率。

二、基于内容的推荐算法

1. 基于内容的推荐算法

（1）基于内容的表达。基于内容的产品介绍，是目前电商推荐平台使用的较为普遍的介绍方式之一。这种方式着重研究目标用户过去的购物或是喜欢的东西，一般指出目标用户现在的需求倾向与以往具有相似性，并在此基础上介绍其喜欢的东西。基于内容的介绍方式重点发掘以往用户购买的产品或是喜欢的东西的特征属性数据，进而研究出用户未来的产品偏好以做出匹配度高的产品介绍。此方式不用基于消费者对产品所提供的判断建议。基于信息的介绍方式的一个关键点是对商品的信息描述方式。通常，商品描述方式包括两种：一种是基于商品的描述；另一种则是基于物品的文本特征。在对一个物品属性的描述时，可以使用一个属性集合来描述，例如音乐，可通过几个属性即演唱者、音乐风格、作曲者等来表示。由此可见，所有的物品都可以使用一个相同的属性集来表示，也就是说，对各种物品都有一种结构化的表示。根据这种结构化数据分析，人们能够使用一种相似度度量方式来估算物体间的相似程度；另外，也可以使用某些机器学习方法通过结构化数据分析、学习用户兴趣。一般来说，基于内容的推荐方式都是使用关于物品的文字信息来描述，而这种文字信息一般都是非结构化的数据。其中，目前较为普遍采用的是基于词频—逆文档频率。这种方法常常和信息发掘领域的某些人工智能机器学习算法相结合，并要求和基于协同网络的推荐技术一样建立多用户网络，计算用户间的差异，以便于有效防止矩阵稀疏度的影响，但同时它还面临着推荐系统的专业化、冷启动的情况。

（2）基于内容的推荐。当进行了物品的内容特征表达以后，便能够向使用者做出物品介绍。常用的方法有基于概率建模的方法、建立决策树的方法和建立决策规则的方法等。相关反馈技术首先被运用到了信息检索领域中，它要求系统在每一次检索数据时都要进行客户反映，即与反映的数据是否相关，进而根据客户反映进行下一次的检索数据。用户可以把搜索结果中的资料分成两种，即相关和不相关，接着依次对相应文件聚合和不相应文件聚合产生一种显示矢量，再在本轮搜索词的显示矢量上乘以相应文件聚合的加权显示矢量，最后乘以不相应文件聚合的加权显示矢量，这就得到了一个新的检索矢量。基于概率的方法，即朴素贝叶斯，它是经典的基于数据的推荐方法，它可以通过了解消费者过去的喜好信息，得到一个概率模型，再根据这个概率模型对被推荐产品的类别做出估计。尽管朴素贝叶斯的事件条件独立假说在事实上并不存在，不过在具体的实际使用上它可以达到良好的效果。基于决策树的算法，对训练信息（文档）进行递归分解，直到结束一个信息集不包括某个类别，就可以得到下一个决策树了。在应用于产品推荐系统过程中时，决策树的内部节点可以代表产品的特征和关键字。同样地，基于决策规则的算法也是通过对训练信息进行递归，得到推荐的决策规则，但这种决策规则通常相对简单。此外，近年来，部分学者通过神经网络进行基于内容信息的推荐，其基础思路就是通过一种神经网络框架，来学习对物品信息的处理。因此，循环神经网络也可以进行基于内容的 TOP-N 推荐；更具体地，它可以通过对长短期的网络和共同的对象与数据的向量表示，在末尾引入逻辑斯特回归层来预测用户对物品的评分。

2. 基于内容的推荐算法优缺点

优点：①用户的独立性。基于内容的推荐方式只需借助目标用户的历史数据，而不需要借助其他用户的资料，即只了解一个客户的信息就可以实现推荐。②可解释度高。通过说明所介绍商品的功能特点以及消费者的兴趣特点，基于内容的介绍方式就能够给所介绍的商品进行更直接的说明，使消费者更好地了解商品。③可以对新商品进行介绍。基于内容的介绍方式能够在没有其他消费者评价的前提下对新推出的商品进行介绍，因此基于内容的介绍方式可以根据商品的功能特征而非评价加以介绍。

缺点：①推荐结果太过老套。基于内容的推荐方式往往极易得出意料之中的结论，但是由于向某个用户所介绍的东西往往是与该用户过去所喜欢的东西十分接近的，所以，对用户而言，推荐结果往往太过老套。②信息内容解析并不全面。虽然基于内容的介绍方式往往只进行了文字信息解析，但是在许多情形下，某个东西所涉及的并不仅只有文字信息，例如，某个页面中可以包括一些多媒体信息如照片、音乐和视频等。基于内容的介绍方式往往忽视了其中十分关键的信息。此外，在一些使用情景如诗歌介绍过程中，由于被介绍的目标仅仅给出了极其受限的文本信息，因此可能无法提取出具有区分度的特点，或者无法对使用兴趣进行建模。③新用户问题。因为基于内容的推荐方式必须获取相应的新用户评价或者反馈来获得使用兴趣，但是对一些新用户而言，其评价数量却非常少或者没有，在这种情形下，基于内容的推荐方式难以给出可信的推荐结论。

三、基于关联规则的推荐算法

通过关联规则的推荐算法能够对信息加以归类管理，从而能够管理复杂的非结构化信息等，其主要内容集中于数据类型、抽象层次、信息层次三个领域的关联方法研究，未提供个性化推荐但提供了差异化的解决办法。

1. 基于规则处理的变量类别推荐方法

关联规则中处理信息的变量类型有布尔型和函数型两类。布尔型关联规则管理的数值信息都是高度离散化、数量化的，并能够表示变量间的某种关系；而函数型关联规则能够和多维关系或多层关联规则组合在一起，对各种数据型字句进行管理，将其加以动态的区分，又或是直接对最原始的数字型加以管理。推荐是利用其预测物品之间的数据分析匹配，进而实现基于内容推荐的宣传效果。该方式虽然能够直接得到推荐结果，但因为方式比较单一，只顾及数据信息等问题，会造成推荐结果的多样性降低，并且往往还伴随着新应用的冷启动问题。为了克服冷启动问题，Osadchiy 等（2019）创建了一个独特的个体用户动机的共同倾向模式，该模式没有对复杂的提问进行评价，只是采用成对的关联规则标准来加以推荐。研究证明，基于呈正相关原理的推荐在应对冷启动情况时具有很高的推荐有效性。同时，多媒体对非结构化信息的分析在推荐流程上效果不佳，所以尝试将数值的关联规则纳入其中，通过信息间存在的关联规律对其加以挖掘，利用相互的关系特性实现更加精准和有效的推荐。基于挖掘内容之间更多不同维度间的关联关系，变量类别推荐技术目前已经被应用于音乐推荐、电商的精准推荐等，均获得了良好的效果。基于数据分类的推荐技术，其推荐机理是基于数据对信息的利用状况，发现数据和信息间的联系方式。通过关联规则算法对使用状况做出预估，并对用户获取的相关规则进行分类整理，建立相应的规范结构；在此基础上通过对支持性、置信性的控制得到推荐结果。这样的技术虽然能够在一定程度上解决传统协同过滤方法中的信息稀疏性和冷启动问题，但如果只顾及用户对信息的使用将会缩小和降低服务的覆盖面和准确性。

2. 基于规则处理的抽象层次推荐方法

关联规则中统计信息的抽象层级一般包括单层关联规则和多层关联规则，不过在单层中每个数据变量都未顾及它们的层级而不尽相同，体现在协同过滤推荐中最关键的使用者和物品接近度关系上。相关研究人员提供了一个采用多层关联规则的推荐计算方法，该方法的主要目的是希望克服当下中国传统推荐计算所面临的数据稀疏性问题，以及可扩展性问题。该计算方法通过分析在多层关联规则环境下用户对产品的兴趣偏好，对使用者建立预期模式。而本书通过建构一个采用关联规则的电商推荐体系，将系统的规律挖掘过程分成了两个核心部分：一是以多层关联规则模式为基准，提取可靠规律并写入规则库；二是根据用户的使用操作来实时生成推送结果，并将结果以特定的形式反馈给系统。在实际中可以发现，相对于传统协同过滤的推荐技术而言，多层关联规则推荐技术更有效克服了协同过滤信息的稀疏性和可扩展性较低等实际困难。协同过滤的结果通常是基于用户评分和大量历史数据，因此也很容易出现信息稀疏和冷启动的现象。基于抽象层次的推荐方式主要是通过发掘被推荐信息间更为隐含的不同维度关系，同时基于发掘的消费者对于产品的深层次喜好，采用相似度的方法来得到更加精准的推荐信息。在一般情形下，一个维度的规律结构常常伴随着精度缺失的现象，所以越来越多的技术指向深层次的规律挖掘，并从中获得更多元的相关规律，挖掘出深藏在表层下的丰富信息，达成高效的数据服务功能。以上研究结果表明，即使是更加抽象层次的关联规则推荐，也能够更有效地解决因为信息稀疏、数据接近度低造成的一系列困难，为预测未评分、待推荐的高质量信息创造出了一种崭新的、有效的信息展示平台。相对于变量层次的方法，抽象层次的推荐方法会使隐含信息的推荐更加丰富。不过，单层级的规则性推荐方法对推荐的精度仍"力不从心"，而多级规则的推荐方法则需进一步在数据挖掘精度和计算效率等层面上加以提升，由此来得到更优质的规则信息和推荐结果，为实际的应用提供更大的探索空间。

3. 基于规则处理的数据维度推荐方法

现实存在大量的数据分析，例如，产品购置过程等往往只涉及某个层面的数据关系，但当处理和推荐在社交互联网等各种环境条件下面临多特征属性和多层次的大数据分析时，关联规则技术发展的优越性将会凸显出来。而且，协同过滤算法在推荐过程中将用户/项目评价矩阵当作数据信息的提取源，在推荐时根本无法精确地找到使用者和其他项目属性之间的关联关系。另外，一般在社会网络中形成的部分用户数据，往往是在多维度下的一个关联规律，因此利用对网络平台的介绍能够更完整地模拟社区情况，并且利用对朋友的介绍来增强相互的信赖度。随着移动技术设备和移动互联网技术的出现，许多人都想利用社交平台来扩大自身的人脉关系。在通过社交网站推送的应用中能够有效地解决推送时所形成的稀疏性问题，提升推送准确率，从而提升用户兴趣好友的推荐准确度，并且用户的数据使用也获得了安全性保证。相对于上文中其他两种推荐方式，多维度大数据属性下的相关规则的发掘与应用，会发掘更多使用者与项目性质、项目类型和应用特性之间的大量联想关系与内涵意识，这将大大提高推荐效果的质量，增加推荐的多样性，并且拓展更加便利的推荐服务。这样，采用关联规则的推荐方式将会以已有的推荐方式为前提，进一步地优化推荐的数量、效果、范围及其丰富程度。在数据维度的方式中也面临着几个关键性的难题，例如，单一维度的规则并不能为更多的研究数据提供丰富的支撑，所以推荐效率也就会大打折扣；而多维度的关联方法也并不是最佳方式，仍需要在评分矩阵或数据相似性层面上进行完善，但亦可通过对抽象层次的多维度数据进行整合，形成多层架构并纳入多维数据序列，以寻找更加精准和丰富的数据推荐使用方式。

四、混合推荐算法

经过上述研究可以看出，不是某种推荐技术可以充分满足不同的推荐条件，某些方法在一定的情况下可以达到较好的推荐效果，但它们都不是万能的。许多研究者建议把这些推荐方法组合起来，充分发挥不同方法的特点实现优势互补。这也正是综合推荐研究的核心思想，综合推荐的应用更多的是基于内容推荐与协同网络两类方法的综合。根据各种组合方式，混合推荐大致有以下六种组合方法。①综合集成：将来自各种推荐方式的推荐结果同时提供给客户，这种组合方法没有创意，目前应用得比较少。②权重汇总：根据推荐产品的特征给出相应的评分及其各个的权重，之后在对于推荐产品进行得分估计时予以加权求和，按照预计得分排名予以推荐。③转换与整合：根据不同的推荐环境，可以选用不同的推荐技术进行推荐，但归根结底是采用了其中的某一项推荐方法。④瀑布式集成：采用某种推荐技术，对另一种推荐技术的推荐效果进行优化。通过这个方式，能够过滤掉前一种推荐技术中质量不太好的推荐效果。⑤特征组合与集成管理：将各种推荐技术的推荐效果综合后，再采用某种推荐技术进行管理，如同瀑布式集成。这种技术一般都具有通过使用特定的技术对混合推荐技术加以筛选的思路。⑥数据的集成：将其中一种推荐技术的推荐数据结果，用作另一种推荐技术的结果。以上不同的混合集成技术中，后三者在未来都会具有相当大的研究价值，因此不管选择了哪种混合集成技术，混合推荐的重点都是怎样充分发挥各种推荐技术的长处，并有机结合到一种全新的推荐架构中。混合推荐方法的目标是实现优势互补，但其在具体运用上也存在较大的难度（最大的困难就是怎样把不同的推荐方法实现有机整合），实践也证明，综合推荐并不一定比单纯的某个推荐算法好；同时，因为掺杂了多个推荐方法，提高了算法复杂性，所以推荐的速度和质量也有一定程度的下降。

第四节　股票个性化推荐的相关研究

一、股票的投资分析

分析这只股票是否具有投资潜力、判断这只股票的好坏，就是向用户是否推荐这只股票的前提。目前对股市投资风险进行分析的方法一般有基本分析、技术分析、发展分析三类。运用理论分析去研究股票走势，其得到的结果常常与实际情况产生了非常大的区别，甚至会得到相反的结论。股票投资的分析是股票推荐的基础。

1. 基本分析

基本分析方法重点运用于投资目标物的推荐上。基本分析法采用传统经济学理论知识为主要基础，以企业作为主要对象，通过对评估企业存在价值及其影响股价的宏观经济趋势、行业发展、企业经营状况等进行详细分析，形成具体的投资建议。基本分析还包括了对宏观趋势的研究、股票所在的板块，以及对于公司财务状况的分析。股票投资评估系统中，以公司的盈利能力、资产负债率、经营水平等作为指标进行分析，通过市盈率、市销率、市现率、市净率四个指标确定股票价值。芮萌等（2003）判断公司股票的内在投资价值则是选择了公司预期的剩余收益和所有者权益两个指标。张应应（2015）选取了上市公司的十个最重要的财务指标，在运用因素分析法展开了降维算法后，根据经过降维算法后的三个因子指数，对企业的股价进行了评估；并在利润水平、经营质量、偿付能力和成长能力四大维度中选取了关键财务指标来判断股票价值，运用 TOPSIS 法选择最优的前十只股票构建投资组合。郝瑞和张悦（2019）首先对股票价格聚类，之后对股价来进行特征分析，以此总结出股票的特征，这样就可以将不同股票推荐给不同偏好的用户。Patari 等选取每股价格、每股收益等财务指标进行投资组合优选及效率评价，其研究结果证明了 DEA 方法具有提高股票投资组合价值的能力。Lin 等（2009）则使用改进后的 DEA 交叉效率评估方法对企业的股票进行评价，并对投资问题进行研究。Guerard 等（2007）使用各种数据建立了股票选择的模型，并且得到了盈利预测的变量在模型中占据重要地位的结论。Zack 等（2007）阐释了股民在分析股市过程中有制度因素带来的困难，通过建立模拟仿真股票市场，对股票进行中肯的评论。

2. 技术分析

技术分析法是以中国传统的股票学理论知识为基石，将股票价格变动作为重点对象，从股票价格变动的历史资料出发，对股票市场波动变化规律展开分析。技术分析，是指通过股票走势所反映的各种技术信号来确定股票价格未来趋势，以判断股票的实际价格。信息技术研究是对成交量价和交易额等重大的股票交易买卖市场历史数据进行深入研究的方式，其比较全面地对一些重大股票交易信息技术数据进行了量化研究，如股指平滑运动平均线、威廉指标、相对强弱指数、布林线、随机指标等，并考察了这些指标的有效性。于卓熙等（2018）选择了股票的主要走势信息，包括开市价、收市价、最高点价、最便宜、最大交易量、买卖价格等主要信息，以及股票利润、净资产收益率、股票净资产价格；再从这两个部分选择两个主要因素，通过神经网络模型对未来的股价做出预估。Lütje 和 Menkhoff（2010）根据美国、意大利、瑞士和泰国的 692 位资金管理人员的研究，发现在预计几周后的股市变化中，通常技术研究比基本面研究更加有用；王志刚等（2005）也认为技术研究对我国股票市场股票收益率有着一定程度上的判断功能。所以，行为金融学和技术分析方法同样以人们的行为模式复杂与可预期性为基本前提。行为金融学领域的学者通过投资人情绪衡量其非理性程度，而技术分析方法指标则直接体现投资人的非理性决策结果。虽然交易者心态不能被直接地观察出来，但是能够观察价格和成交量的变动，而价格和成交量的变动体现在交易者的行为中，交易者的决策过程直接体现交易者的心态。所以，基于价格与成交量的技术判断指标自然也成为影响投资人情绪的重要因素。Brown（2013）将腾落指标（ADL）和新高新低指数（NH/NL）等技术分析数据归入金融市场行为类间接情绪指数，表明它和美国个人投资者协会指数（The American Associ-ation of Individual Investors Index，AAII Index）以及美国个人投资人情绪指数（AAII Sentiment Survey）等直接情感价格指数之间存在着明显的关联。Neely（2002）在移动时间平均指标、交易量技术指标和动量价格指标三类主要技术指标中选取了 14 个技术指标为重点调研对象，表明这些指标对 BW 指数有着很重要的预警作用。而相对强弱指数（RSI）、波动（VIX）和阿姆氏技术指标（ARMS）等一些科技分析指标也常用于投资者情绪调查中，Baker（2007）所采用的换手率实际上也都是技术分析价格指数。

3. 发展分析

发展分析法是以进化股票学理论为基础，把股票市场价格波动的生命运动特征视为重点分析对象，从股票市场的生物代谢特征、趋利性、适应作用、可塑力、应激特性、变化性与节律特性等角度出发，对股票市场变化趋势和空间进行动态追踪分析，对股票交易策略进行机遇与风险评价。股票市场时钟序列数据包括丰富的时频信号。Huang 等（2014）表示，市场过程并非静态恒定的，而是动态的。但因为这些统计分析法模型一般都是静态模型，所以可以在一定程度上反映实际的最新互联网金融市场信息；此外，又因为一般的互联网金融市场信息模型分析通常要求时间序列是固定的，在大多数股票市场中的时间序列数据虽然和信息相似但是存在着一些噪声，所以时间序列具有了不确定性、非平稳性的特征。鉴于上述分析中的方法限制，本书采用了基于 Takenaka Malmquistd 的自适应性傅里叶分析（又称自适应傅里叶分解或 AFD），该理论把对时间序列的时域分析和频率区域分析相结合，给出了可能的处理策略，补充了传统分析方法仅在单一域（时域或者频域）内进行研究的方法不足。相对于短时傅里叶交换（Short Time Fourier Transform，STFT）、小波变换（Wavelet Transform，WT）等技术在时频二维表示上的不足，自适应性傅里叶在时频分析上具有独特优势，其在分析中既不使用时窗函数，又不依赖于信道划分的方法参数，同时，当使用自适应性傅里叶分析方法对通道进行分析时，所有基于其所表示的基函数都根据能量极大化选取原则而进行了自适应性选取，因此具有收敛速率较快的优点；此外，其还可以完成对原始函数的最优预测或稀疏表示。基于自适应性傅里叶分析在处理非平滑数据时频解析方面的各种优点，目前自适应性傅里叶分析技术已在信号处理、图像处理、电力和通信等领域中得到了普遍的使用，并逐渐和金融研究相结合。

二、股票的选择推荐

1. 基于股票分析师股票评级的股票推荐

股票评级一般是由股票分析师根据对股票投资价值与对股票安全性的综合评估而得出的一个水平标准。业内券商的股票评级一般包括五种级别：买进、增持、中性、减持和出售。由分析师所提供的股票评估结果可以作为分析师研究报告的基础。Fang 等（2008）考察了数据分析师的态度与其对股票提供的资金利益间的联系，发现星级数据分析师的看法相较于非星级数据分析师的看法要更多，同时他们也认为数据分析师的个人声誉对其行动产生影响，而数据分析师所给予的评价通常也更偏向乐观。Jackson（2005）通过澳大利亚股票市场上的数据，讨论了分析师信誉与分析师评价中的指标之间的关联，这也证实了乐观的分析师可以提供更好的服务，高信誉分析师的准确度也更高，他们的推荐准确率可为其创造更高的国际知名度。Ishigami 和 Takeda（2017）通过大量研究，对在股票市场上公布的股票信用等级和目标价值之间的差异进行了综合分析，研究结果揭示了信用等级变动的确对股价有影响。但是，在股票分析师之间也存在着"羊群效应"。股票分析师的行为主要包括了两类：在股票分析师组织和个别组织之间的趋同，以及个别股票分析师为了迎合社会需求所形成的行为。Scharfstein 等（1990）首先探讨了羊群效应在企业投资、股票市场以及企业管理中的运用，他们表示，在一些情形下，市场专家为提高自身的知名度会模仿其他分析专家的投资决策。Harrison 等（2018）认为，工作任职时间较长的数据分析师比工作任职时间较短的数据分析师更有可能精确地预测企业利润，由此建立了一种关于预测准确性和工作任职时间之间的关系模型，并认为企业在进行分析数据分析师预测准确度时应当兼顾分析师的工作任职时间。Frijns 和 Huynh（2018）研究了在新闻媒体推荐股票公司时对分析师"羊群行为"的负面影响，研究人员认为，在新闻媒体对股票公司提供更多新闻报道时，分析师回报率将会下降，他们还认为新闻媒体对"羊群行为"的负面影响也决定了分析师的特性。

2. 基于股评文本内容的股票推荐

近些年，文本挖掘方法在从事有关股市信息的分析时已得到广泛使用。Li 等（2015）研究了通过分析与金融相关的文章来判断股票走势（上涨、稳定、下跌），对数据加以分词、特征提取，以及利用 K-最近邻（KNN）、朴素贝叶斯等方法加以划分；并对一种特殊的股市运用训练好的模式来判断股票走势（上涨、稳定、下跌）。Mittermayer 和 Knolmayer（2006）提供了一种新闻报道类型和交换管理系统（NewsCATS），可以用来检测在报道稿发表后的股票价格的涨跌。NewsCATS 管理系统一般由以下三部分内容构成：第一部分通过应用文字预处理方法在新闻信息中筛选有关信息，然后通过 TF-IDF 方法筛选关键词；第二部分把新闻稿划分成预定义的类型，采用的方法是使用向量机（SVM）；第三部分根据前一步的方法确定正确的交换方法。Kwong 等（2009）提供了一个全新的基于模型的市场趋势预测挖掘方式。当用户了解到很多分析师的意见后，意见挖掘的工作会变得更加困难。Sehgal 和 Song（2007）给出了一个可以利用网络的情感转换率来确定股票价格趋势的方法，并且他们还使用财务留言板收集信息用户情感，并且使用 TF-IDF 的情感加权计算，通过机器学习的情感分析数据来确定股票价格。Wu 等（2018）解释了新闻机构对股票市场中预测股票收益的准确性。通过对经济信息的文本挖掘，并且通过关键字矩阵，把研究结果转化为经济新闻变化，并综合一些定量、变量形成一种固定效应模型。实验研究分析表明，新闻变量为预期台湾股票收益变化发出了有益的信号；研究结果还表明，在股票市场发展时期，经济预测的准确性往往要超过预期。总体而言，根据股评文本的股票预测的重点一般是对股评文本的情感解析，以及根据股评文本具体内容中的某些关键字做出分析预测。

3. 基于机器学习预测法的股票推荐

Cao 等（2005）利用传统的时间序列预测模型和单变量、多变量神经网络模拟的预测方法进行了对比。实验结果显示，神经网络的效果高于线性模型。Olson 等（2003）对加拿大股市收益的统计结果表明，考察输入和输出数据变量相互之间非线性关系的反向传输神经网络高于普遍最小二乘法（OLS）模型和逻辑回归（LR）模型。Kara 等（2007）进行了人工神经网络的建模与向量机建模方法的比较实验，结果显示，人工神经网络建模的总体性能远远高于支持向量机建模的性能。Fu 和 Du（2018）用多种方法展示了怎样使用机器学习算法来识别好股票和差股票，但实证分析却表明随机森林模型是风险中性的。李聪等（2012）基于神经系统网络上的股指期货价格预测模拟，对通过沪深股指的收市价进行分析，实验结果表明，根据经验模态分解计算的反向传递的神经网络模式对短期预报有效性比较好。崔建福和李兴绪（2004）使用清华同方的收盘价为实验目标，分别建立了 GARCH 模型和 BP 神经网络模型作为股价判断，试验结果显示 BP 神经网络模型的效果显著高于 GARCH 模型。兰强太（2017）运用主成分分析法，对公司的财务数据经过了研究，获得了综合评估指标，并以数据和成交信息为主要输入，实现了股票预测；实验研究结果表明，BP 神经网络方法的预测准确率很好。余传明等（2018）使用股票论坛上的评论文章作为样本，对文章预处理后通过 K-means 的计算形成了文本判别矩阵，利用多层感知机的计算方法通过开盘价等技术指标对股票进行了预测，得出的准确度为 65.91%。

第五节　研究述评

经过对智能投顾、用户画像、个性化推荐以及股票个性化推荐等领域的研究进行总结，认为目前研究中仍然存在不足，具体表现在以下三个方面：

（1）现有研究虽然识别了大量的股票投资者购买偏好，但是依旧停留在传统的投资组合建议上，而用户画像的相关研究则聚焦于互联网用户的网络行为，缺少将用户画像的相关理论融入股票投资者购买偏好的识别。现有研究结果突出了现实中和网络背景下的投资顾问聚焦方向的差异，并从网络背景下智能投顾的分类、操作过程和运算方法等角度，对智能投顾的基本理论做出了说明，虽然基本分析方法、技术分析方法、发展分析方法等在股权投资的研究中仍有着很大影响，但是传统的量化分析方法不足以满足股票投资者个性化的投资需求，迫切需要引入机器学习、数据挖掘等大数据分析技术，借鉴互联网用户行为的分析框架，识别股票投资者购买行为的偏好，搭建起面向股票投资者购买偏好的个性化用户画像模型与方法。

（2）目前，研究人员已经确定了关联规则以及根据信息内容和协作筛选的推荐方法和技术的优点，但算法还面临着信息稀疏、冷启动、长尾效应等问题，因此，迫切需要构建面向股票投资者购买偏好的推荐模型。现有研究中关联规则算法强调规则的挖掘与发现对推荐效率至关重要，而内容推荐同样需要获得大量目标对象曾经的偏好信息，而协同过滤推荐则关注基于用户或基于产品的相似性。对于股票投资者而言，可以通过关联规则把握股票市场的行业联动规律、实现个股涨跌的阶段性预测；通过内容推荐利用在线股评、投资建议等股票文本信息的非结构化数据，利用深度学习技术对近邻协同过滤推荐算法来改善、规避冷启动等问题。各种推荐模型和算法为解析股票投资者购买偏好、实现个性化推荐提供了思路。

（3）现有研究虽然从多视角构建了个性化的混合推荐算法，但是尚未将其应用在智能投顾的股票推荐领域，并且推荐算法多是基于结果的混合，忽略了过程与体系的兼容性，迫切需要从多视角到多层次的融合视角，探究面向投资者的股票混合推荐算法模型。有学者强调，没有哪种推荐方法可以充分满足不同的推荐条件，某些方法在一定的情况下可以达到很好的推荐效果，但它不是万能的。充分发挥不同技术的特点，实现优势互补的混合集成、加权集成、转换集成，以及瀑布式组合都是混合推荐技术的重要特点，人们根据不同的组合技术达到了不同的选择效果。对于股票投资者而言，虽然通过关联规则、基于内容和协同过滤等方法获得了差异化的推荐列表，但是多算法的有机融合是混合推荐领域关注的重点，构建面向股票投资者多阶段、多层次的融合推荐体系和算法迫在眉睫。

第三章 股票投资者的用户画像标签
体系设计和模型构建

本章主要分为三个方面，即构建股票投资者的用户画像、构建股票投资者的用户分类标签模型以及构建股票投资者的评价标签模型。用户画像首先需要为标签体系收集画像指标，在进行权重计算之前也要先为股票投资者的标签进行分类。而分类标签与评价标签就需要分别参考不同类型的数据并使用不同的技术方法：分类标签主要采用 Gradient Boosting 算法（Kumar et al.，2018）学习机制，在填写配置文件应用程序之前，首先需要了解基本信息和数据，再通过比较四种分类模型筛选出效果最好的算法；而评价标签直接采用 TOPSIS 法进行标签评价计算。本章还通过股吧文本数据和 FNS-LDA2vec 方法构建投资者话题偏好挖掘模型，并对股票投资者进行话题偏好画像。

第一节 引言

由于新一代大数据、区块链、云计算、大数据挖掘等技术的日益广泛应用，中国股票市场上蕴藏着大批个人投资者和企业投资者的投资喜好、交易行为特征、投资心理特点等信息数据（Salisu et al.，2020）。由于客户产品涵盖了自然人客户、一般金融机构客户、专门机构客户等不同的类型，据中国证券业协会正式公布的《2021 年度证券公司投资者服务与保护报告》，截至 2021 年底，我国个人股票者总量已达到了 1.97 亿，当中自然人客户的占比已高达 99.76%。如何充分利用大量个人投资者和组织客户的投资数据，鉴别出他们的投资能力、行为特点、业务倾向、地域偏好、风险偏好等一系列的投资倾向，将成为引导投资人决策的关键。股票投资者主要是以获取股利和投资收入为主要目的，而购买公司股票的组织和个人，股票投资者大量的偏好数据不仅影响了自身的股票投资收益，而且会对股票价格造成直接影响，故其重要性不言而喻。然而，当前股票投资者的相关研究主要是针对某一类市场行为的投资者展开的，忽略了股票投资者精细化的人群特征标签，以及差异化的投资偏好。投资人用户画像是对投资者特征的识别方法，股票投资者画像的定义可以类比于客户画像（Wang，2012），在把客户拓展成股票投资者的基础上，经过对股票投资者特性的标签化，最后得到一种虚拟的、可用来描述投资者的标签体系，即股票投资者的用户画像。

目前，相关的用户画像研究主要侧重于更好地定位用户群体特征，通过用户信息标签识别用户。创建用户画像模型有助于更好地了解用户的实际需求和潜在需求，实现个性化和准确的信息服务。作为实现准确信息服务的手段，用户画像近年来在电子商务、图书馆、卫生、旅游等领域得到了广泛应用。首先，交互设计创始人Cooper引入了用户画像的理论，并把用户画像界定为实际信息的虚拟图像表示，以及基于实际信息的目标用户模式。其通过用户画像来说明产品的应用范围，并指出用户画像是产品应用的基本模型，它是根据使用者的姓名、照片、爱好和其他特征来描述用户，强调用户在产品开发中的决定性作用。用户画像是一种标记用户模型，它基于人口统计指标（如用户的性别、教育水平、社会关系、行为模式和其他标准）进行分析、总结和构建，并代表特定类型目标用户群体的特征（Bezdek et al.，2017）。其次，从用户画像的特征来看，用户画像具有真实性、唯一性、动态性和适用性，以及迭代性、时效性、分离性、沟通性、知识性和集群性等特征（Khulaidah & Irsalinda，2020）。最后，应用领域的用户简介。在电商行业，应用消费者画像技术是着眼于准确提供个性化产品及用户的信息（Beyer et al.，2016）。在医疗保健领域，本文专注于高效处理来自大量用户的医疗数据，为每位患者提供准确的医疗和健康信息服务（Qiang et al.，2020）。在旅游业，用户画像主要侧重于准确推荐旅游产品、服务以及旅游线路相关的信息。因此，用户画像可以通过差异化的领域应用，在不同领域进行应用拓展，实现用户信息的精准标签化，快速、准确地识别用户特征。有效的用户画像与特征识别能为后续的精准化营销与推荐奠定基础（Kustiyahningsih et al.，2020）。

一方面，关于股票投资者的相关研究主要集中于投资者的行为偏好、投资偏好以及自身情绪，通过股票投资者的信息获取可以对股票市场的投资决策起到参考作用（Ruiz et al.，2020）。起初，股票投资者研究主要关注投资者意识。事实证明，投资者的情感会对资产价格产生重大影响，并且投资者的情感已经被量化以研究投资者行为。投资者的"多愁善感"在引发金融混乱方面有着重要影响，用户的"多愁苦"会影响他们在未来一段时间的投资回报，特别是对小投资者而言。投资者情绪提高了系统性风险，加剧了市场波动，乐观主义和悲观主义都会影响股份波动。另一方面，股票交易市场的成交额、成交量和认购率等情况也会引发"羊群效应"等不合理情况，促使投资者高估或低估股票的实际价格（Liu et al.，2019）。一旦金融市场上出现负面消息，这个过度预期就会遭到"破坏"，股票价格会出现周期性变化，给投资者带来经济损失。投机者并不仅仅是非理性行为的受害人，而且还是投资信息不对称的弱势群体。此外，股票投资者的意见也发挥着重要作用。不同观点对股价的影响通常通过资产价格模型进行实证分析，但由于资产价格模型不能很好地解释一些投资现象，投资者意见和观点的差异增强了投资者意见对股票价格的影响，从而限制了卖方的投资工具，并且与股票价格的崩溃密切相关，即股票价格更有可能被高估，未来股票回报率会较低。

虽然关于用户概况和投资者行为的研究已成为当前研究的热点话题，但没有关于股票投资者概况的研究将两者联系起来。因此，迫切需要识别投资者的特征，以建模他们的档案，为股票投资者创建用户档案模型，通过从各个角度创建现有数据信息的特征，了解每个投资者的关键信息和偏好，并为投资者、股权（票）和上市公司提供决策支持（Kaushik et al.，2013）。

第二节　股票投资者用户画像构建流程

目前，创建用户画像的过程被视为收集用户画像数据、探索用户信息、共享标签和丰富用户画像。构建过程包括提取用户的基本特征、需求、偏好和其他功能信息。建立用户画像的过程分为三个阶段：数据收集、数据挖掘和过滤、标签提取和重组。

首先，用户数据是用户画像处理的基础。用户信息越详细，用户的优先级越接近真实，用户的优先权越成功。数据收集方法包括直接数据收集和间接数据收集，应以多视角的方式收集，因为它们在不同层次或通过不同的方法描述同一对象，可能表现出多态性、多源性、多描述性和高维异质性等特征。收集数据通常使用不同的工具和方法，如自编程序、爬虫软件、地面采访和其他方法。

其次，挖掘和过滤大数据也是用户画像管理的核心内容和关键。用户画像技术有助于发现与用户数据间的关联，并将用户画像的成果运用到精准服务、精确销售以及其他领域中，实现其价值（Qing et al.，2016）。数据挖掘主要包括分类、聚类、关联规则、决策树、协同网络等。聚类能够有效地把用户按照拥有相同的特征分门别类，使同一类的用户能够实现共享；关联规则通过数据的一致性来建立信息关联。可以针对不同的目的，选用不同的数据挖掘方式。

最后，提取和重新排列标签是用户画像建立过程的最后一步，直接影响用户画像结果的精度。标签的权重不同，用户画像模型也会不同。标记是提取和过滤收集的用户数据的过程，提取目标用户组的属性，并用高度精练的单词标识这些属性。它具有语义以及篇幅短、特异性强的特点（Jain et al.，2020）。在标签提取和重组方面，大多数研究人员使用关联规则、标签评估、TF-IDF 算法、社交网络分析等来创建用户兴趣模型。

基于以上用户画像的过程，结合股票市场和投资者的有关资讯，以及股票相关的数据类型和服务要求，本书将股票投资者画像的过程加以细分。股票投资者的用户画像构建流程如图 3-1 所示。

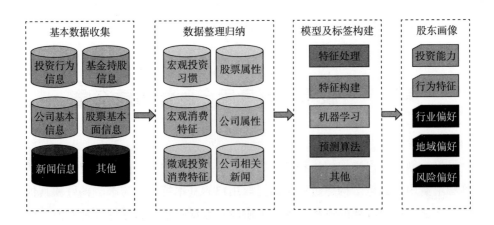

图 3-1 用户画像的构建流程

资料来源：本书整理。

具体而言，股票投资者的用户画像构建流程可以分为三个阶段。

首先，数据收集整理阶段。主要通过国泰君安（CSMAR）数据库以及各大金融类门户网站，将时间窗口圈定在 2015 年 1 月至 2019 年 12 月，收集个人投资者/机构投资者行为数据、上市公司基本数据、股票基本数据、股票投资者持股信息和其他相关信息，构建初始的股票投资者数据集，并进行数据清洗与数据的整理归纳。关键数据分为宏观统计习惯、宏观消费指标、存量特征、企业特征、企业相关新闻、微观消费投资特征等数据。

其次，模型的构建和标记阶段。主要使用函数处理、函数设计、机器学习、预测算法等技术为股票投资者创建行为模型并标记股票投资者（Nurdewanto et al.，2020）。通过分析个人投资者/机构投资者的投资管理、沪深股票交易所的股票购买信息和股票交易，本书可以为股票投资者提供活动标签、行业偏好标签、区域偏好标签等（Cao et al.，2011）。

最后，股票投资者画像阶段。基于上述标签，构建股票投资者模型考虑了股票所属上市公司的投资行为数据、股票信息数据和关键信息。建立股票投资者画像的主要工作是使用上述数据标记和确认股票投资者的活动特征、行业偏好、区域偏好等，以创建股票投资者画像。

第三节　股票投资者的用户画像构建

一、画像指标收集

股票投资用户在投资过程需要考虑许多因素，不仅要考虑实时股票价格变化和随时间变化的趋势，而且要考虑行业、地区、概念、市场部门和其他股票数据，并使其投资决策适应国家政策和上市公司的发展变化（Vikas et al.，2020），因此构建股票投资用户知识库要包括用户和市场两大类，以及五个数据方面，即用户基本信息、模拟用户交易数据、用户交易线发布数据、股票市场数据、股票属性数据。只有彻底处理各种数据，本书才能准确描述用户在投资过程中的行为变化。

1. 用户基本信息

（1）个人基本信息。本书选择了个人基础数据中能够反映客户潜力价值的七种指数。通过相关研究分析可知，在股票的客户中，男性比例远高于女性比例，男性客户的潜力价值要大于女性客户；就年龄而言，中青年客户的潜力值要大于其余年龄段群体；薪酬水准也会反映用户的投入水平，本书认为薪酬水准越高的用户潜在价值越大；在教育层面，本书认为受教育水平越高的用户其潜在价值也越大（Manchuna，2020）。就职业性质而言，如果用户所在职位属于股票相关业务，则认为其潜在用户价值更高。

（2）用户现有资产。本书选取开户时长与客户资产积累两个指标来衡量用户现有资产。开户时长与客户资产积累事实上均与用户的行为特征相关。其中，开户时间长短和投资者所可开展的投资银行业务有关，而投资银行业务也对投资者有一定的门槛：一般股票开户期限都需要在6个月以上，从开户到进行投资的账户中都需要有大量投资信息；此外，在开户期限达到6个月的场内和场外配资也都可以使用资金或股票，而互联网配资门槛为最低为1000万元，无银行的开户限制也可以使用资金杠杆（Lee，2020）。客户资产是衡量客户价值的主要维度，按其资产积累的过程可以将其分为保守投资型和激进投资型。此外，也可根据其资产状况区分高质量客户与低质量客户。

2. 用户交易行为

（1）用户活跃度。用户活跃度与其交易频率相关，本书用新增开户数、成交金额、持股变动频次来进行衡量。根据用户活跃度可以将其分为长线客户、中线客户和短线客户，或将它分为高周转客户、周转客户和低周转客户（Wang et al.，2017）。为具体区别，对没有通过的中期客户进行划分的准则也有差别，通常6个月以上或0.5个月的短低营业额客户，或数个月的短期中高营业额的客户都是指中期客户。公司也可以根据自己的条款和条件做出自己的决定，如每周客户、每月客户、季度客户、半年客户、年度客户等。不同类型的客户提供相关的短期、中期和长期投资建议和服务。

（2）用户偏好特征。用户的喜好通过用户对股票的选择类别、选择方法、偏好和能接受的风险来刻画。投资类别喜好的比例描述，包含了股票型占比、基金类型、股票类型；而风险承受偏好则通常以调研问卷中得到，不过因为隐私问题客户通常不会填写真实信息，所以参考价值不大，因此可根据其所投资股票本身的风险系数，大致刻画出其风险承受力倾向。

3. 用户社交信息

（1）社交影响力。用户的画像还可以通过用户的社交行为来进行刻画（Tan & Tan，2012）。一般来说，一个致力于投资的人他所关注的社交平台或者是社交圈子会有所偏好，因此通过社交行为来对用户进行刻画也十分重要。社交影响力表示用户在他所在的圈子里关于投资的地位或者权威性，一般来说，大多数人在有一定的投资经验之后，会在一些社交平台上发布一些自己的投资心得，那么，如果分享的经验受到了这个圈子内的人的认可，或者追捧的话，就可以证明他在这个圈子中的影响力较大。所以，社会影响力主要根据用户在社区网站中的吧龄、粉丝数量、总浏览量来判断，当吧龄越长、粉丝数量越多、总浏览量也越高，就说明这个用户的社交效应越大。

（2）社交活跃度。对于一个长期关注投资领域的人来说，"投资"自然也是他的兴趣所在，因此他在社交平台上的行动能够反映他的兴趣度，如果一位用户在投资财经领域的社交平台上表现得十分活跃，如经常阅读财经类的文章、查看投资类的小视频、经常参与网上关于投资话题的讨论等，是非常能够说明客户的兴趣所在的。因此，用户活跃度也是用来建立用户画像的一个重要指标。社交思维的积极性采用关注量、发帖量、评论量来判断，关注数越多、发帖数越高、评论数也越高，则认为该用户的社会思维积极性也越高。

二、标签体系构建

用户画像主要由从数据中提取、分析、分类和标记的用户信息组成。股票投资用户的行为具有很强的领域特征，因此在选择和提取函数时，应注意用户的领域特征（Allini et al.，2018）。因此，有必要首先收集股票投资用户行为的数据，并建立一个全面且有代表性的股票投资用户身份识别系统。

鉴于股票投资用户行为的特殊性，投资行为分析不仅应参考其他行业的用户行为分析方法，还应根据股权投资领域的特点进行具体分析和设计。针对普通互联网用户，可以通过关注与平台交互时获得的关键信息和行为信息来描述，但对于股票投资用户以及投资过程中相关的市场行情，分析还应注重用户的投资决策过程、情感倾向、市场信息的反应及风险偏好等因素（Raman et al.，2020）。对于股票投资用户的行为描述可以用公式（3-1）表示：

$$A_n = l_m \cup l_n \cup l_o \cup l_q \tag{3-1}$$

其中，A_n 表示投资用户整体的行为描述集合，l_m 表示投资用户包括个人简介在内的基础属性集合，l_n 表示用户社交行为集合，l_o 表示投资用户的情感倾向表达行为的数据集合，l_q 表示投资用户交易行为集合。通过用户行为分析，结合投资用户特点，本书建立了包括基本投资能力标签、行为特征标签、行业偏好标签、地域偏好标签和风险偏好标签在内的五大维度用户画像标签，如图 3-2 所示。这些用户标签分别代表用户在某个维度上的个人特征，这些标签经过组合匹配可以生成有代表性的用户描述，在群体和个体层面都具备可解释性。

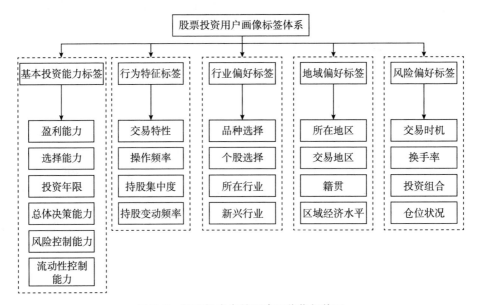

图 3-2　股票投资者的用户画像指标体系

资料来源：本书整理。

三、股票投资者标签分类

用户图像的内核工作是为用户"打标记"，建立用户画像的目的是弄清楚需求、建立标记，而建立怎样的标记则是根据行业需求和数据的实际状况来确定的。"打标签"的方法是由标签不同的类型和性质决定的。一般按照标签的"打"的方法可以分为三类。①事实标签，即通过从数据库中直接得到或经过简化后计算得到的标签；②模型标签，即用机器学习和自然语言处理技术构建的标签；③高级标签，即根据事实标签或者模型标签进行数据建模而得到的标签。

在构建的股票投资者用户画像标签体系中，本书按照"打"标签的方法把标签分为三类：第一类为事实标签，是通过简单的统计就可以"打"出的标签指标，包括行业偏好标签和地域偏好标签。第二类为分类模型标签包括风险偏好标签和行为特征标签。第三类为评价模型标签，包括投资能力标签（见表3-1）。

表3-1　股票投资者画像标签分类

标签分类	标签内容
事实标签	行业偏好标签，地域偏好标签
分类模型标签	风险偏好标签，行为特征标签
评价模型标签	投资能力标签

资料来源：本书整理。

四、指标权重计算

1. 层次分析法基本原理

层次分析法（Analytic Hierarchy Process，AHP）（Albayrak & Erensal，2004），在综合评价问题中是一种常见的方法。它最早由美国知名的运筹学专家托马斯于20世纪70年代中期所创立。使用层次分析法进行综合评价的过程，一般是秉承着一种综合最优思想来进行的。该技术通过把复杂的问题拆解为由多层次所组成的问题，然后汇总并根据主观分析，进行定量化决策。其大致过程包括：

（1）**建立层次结构模型**。层次结构模型的构建方法是根据实际问题提出的，它的主要思想是将复杂的问题，拆解为几个可以衡量它的简单因素，同一层的因素可以对上一层因素进行有效的解释，同时又受到下一层因素的解释，从而形成一个层次结构。层次结构的第一层称为目标层，目标层通常只包括一个因素，就是需要解决的最终问题；最下层称为方案层，可以将其理解为整个问题的最终分解结果；中间层称为准则层或者指标层，可以将其理解为所有因素的维度。

（2）**构造判断矩阵**。第二步是将关于上一个层次的所有元素，以及对于在上一个层次中某一准则的重要性进行比较，即判断矩阵。评判的标准一般采用1~9标度法。也有学者采用其他的标准进行评判，但最终的目的都是判断出每个因素的重要性。

（3）**一致性检测**。第三步则是利用判断矩阵的结果，测算出比较的因素之间的关系和权重，并需要通过一致性检验。由于在构造判断矩阵的过程中，大多是正互反矩阵，因此难免会出现矛盾，这个矛盾指的是不容易构造出一致性的矩阵，但是可以使判断矩阵向一致性矩阵靠拢。本书所构造的判断矩阵与一致性举证之间的差距如果小于 0.1，那么说明这个判断举证是可以使用的。这个过程就叫作一致性检验。详细步骤如下：

1）构造判断矩阵。

$$C = [a_{ij}]_{n \times m} = \begin{pmatrix} a_{11} & a_{1n} \\ a_{n1} & a_{nn} \end{pmatrix} \tag{3-2}$$

式中，比例标量 C 代表每一个层次的第 i 个元素和与第 j 个元素相对较前者的重要程度，取值如表 3-2 所示。

表 3-2　判断矩阵的比例标度

指标对比	同等重要	稍微重要	明显重要	非常重要	及其重要	两者之间
标度	1	2	3	4	5	6

资料来源：本书整理。

2）判断矩阵 C 列归一化。

$$\overline{a}_{ij} = \frac{a_{ij}}{\sum\limits_{k=1}^{n} a_{kj}} \quad (i, j = 1, 2, \cdots, n) \tag{3-3}$$

3）归一化后的矩阵各行相加。

$$\overline{W}_i = \sum_{k=1}^{n} \overline{a}_{ij} \quad (i, j = 1, 2, \cdots, n) \tag{3-4}$$

$$W_i = \frac{\overline{W}_i}{\sum\limits_{k=1}^{n} \overline{W}_i} \tag{3-5}$$

4）利用公式（3-5）对向量归一化处理，得到矩阵 C 的特征向量，即：

$$W_i = (w_1, w_2, \cdots, w_n) \tag{3-6}$$

5）计算判断矩阵最大特征值 $\lambda_{\max}$，推出：

$$\lambda_{\max} = \frac{1}{n} \sum_{i=1}^{n} \frac{(CW)_i}{w_i} \tag{3-7}$$

其中，$(CW)_i$ 为 CW 的第 i 个分量，构造判断矩阵时，若发现因素 1 比因素 2 重要，因素 2 比因素 3 重要，而因素 3 又比因素 1 重要，矩阵 C 就需要进行一致性检验。

6）计算一致性指标。

$$CI = \frac{\lambda_{\max} - n}{n - 1} \qquad (3-8)$$

若 $CI \neq 0$，则计算一致性比率。

根据重要度矩阵 C 的计算，可得到平均随机一致性指标 RI，如表3-3所示。

表3-3　RI 的值

矩阵阶数	1	2	3	4	5	6	7	8	9
RI 值	0.00	0.00	0.58	0.90	1.12	1.24	1.32	1.41	1.45

资料来源：本书整理。

7）一致性检验。

$$CR = \frac{CI}{RI} \qquad (3-9)$$

若 $CI < 0.1$，则认为判别矩阵 C 具备了一致性的检测要求；如果没有结果，则必须调整矩阵 C 的取值，并重复进行上面的步骤，直至完成一致性检验。

（4）层次分析法权重计算。根据上文构建的指标层次结构模型，将其分为三层，投资者用户画像为目标层，x_n 为准则层，x_{nn} 层为具体指标层，由此构建用户画像的指标体系。通过制定问卷表、走访专家，对各级评价中各个指标的重要程度进行两两相比，利用结果构建出 AHP 的判断矩阵分布权重。在前面的原理介绍中，已详细地介绍了 AHP 法的计算原理及步骤，判断矩阵采用1~9的重要性标度法进行量化。通过向8名相关专家咨询，包括具有职称的相关技术人员、高校教授及管理学院方面的专家，分别对 x_n 层因素和 x_{nn} 层因素的相对重要性进行打分，构建判断矩阵；最终得出了用户画像-x_n、x_1-x_{nn}、x_2-x_n、x_3-x_n、x_4-x_n、x_5-x_n。针对6个判断矩阵，采用和积法，利用 MATLAB 法计算出各判断矩阵的最大特征值及特征向量，以及各级判断矩阵的各指标的优先级权重，再对其进行一致性检验。结果如表3-4至表3-9所示。

表3-4　用户画像-x_n 判断矩阵

x_n	x_1	x_2	x_3	x_4	x_5	x_6
x_1	1	1	3	3	2	1

x_n	x_1	x_2	x_3	x_4	x_5	x_6
x_2	1	1	7	3	5	1
x_3	0.3333	0.1429	1	0.5	0.3333	0.3333
x_4	0.3333	0.3333	2	1	3	0.3333
x_5	0.5	0.2	3	0.3333	1	0.5
最大特征值 $\lambda_{max} = 5.338$			一致性检验 $CR = 0.0755 < 0.1$ 通过检验			

资料来源：本书整理。

表 3-5 用户画像 $x_1 - x_{nn}$ 判断矩阵

x_1	x_{11}	x_{12}	x_{13}	x_{14}	x_{15}	x_{16}
x_{11}	1	7	4	8	5	5
x_{12}	0.1429	1	0.1429	0.2	0.1667	0.5
x_{13}	0.25	7	1	0.5	0.5	0.5
x_{14}	0.125	5	2	1	0.5	2
x_{15}	0.2	6	2	2	1	2
x_{16}	0.2	2	2	0.5	0.5	1
最大特征值 $\lambda_{max} = 6.6225$			一致性检验 $CR = 0.0988 < 0.1$ 通过检验			

资料来源：本书整理。

表 3-6 用户画像 $x_2 - x_{nn}$ 判断矩阵

x_2	x_{21}	x_{22}	x_{23}	x_{24}
x_{21}	1	3	2	2
x_{22}	0.3333	1	1	3
x_{23}	0.5	1	1	2
x_{24}	0.5	0.3333	0.5	1
最大特征值 $\lambda_{max} = 4.2002$		一致性检验 $CR = 0.075 < 0.1$ 通过检验		

资料来源：本书整理。

表 3-7 用户画像 $x_3 - x_{nn}$ 判断矩阵

x_3	x_{31}	x_{32}	x_{33}	x_{34}
x_{31}	1	3	6	3
x_{32}	0.3333	1	4	1
x_{33}	0.1667	0.25	1	0.25

续表

x_3	x_{31}	x_{32}	x_{33}	x_{34}
x_{34}	0.3333	1	4	1
最大特征值 $\lambda_{max}=4.0609$	一致性检验 $CR=0.0228<0.1$ 通过检验			

资料来源：本书整理。

表 3-8　用户画像 x_4-x_{nn} 判断矩阵

x_4	x_{41}	x_{42}	x_{43}	x_{44}
x_{41}	1	2	5	1
x_{42}	0.5	1	1	0.3333
x_{43}	0.2	1	1	0.5
x_{44}	1	3	2	1
最大特征值 $\lambda_{max}=4.1276$	一致性检验 $CR=0.0478<0.1$ 通过检验			

资料来源：本书整理。

表 3-9　用户画像 x_5-x_{nn} 判断矩阵

x_5	x_{51}	x_{52}	x_{53}	x_{54}
x_{51}	1	2	0.25	0.2
x_{52}	0.5	1	0.25	0.3333
x_{53}	4	4	1	0.5
x_{54}	5	3	2	1
最大特征值 $\lambda_{max}=4.2024$	一致性检验 $CR=0.0758<0.1$ 通过检验			

资料来源：本书整理。

根据上文的公式计算得到的用户画像指标体系权重如表 3-10 所示。

表 3-10　用户画像标签主观权重汇总

一级指标	二级指标	权重	三级指标	权重
用户画像	基本投资能力标签	0.2873	盈利能力	0.1385
			选择能力	0.0099
			投资年限	0.0298
			总体决策能力	0.0466
			风险控制能力	0.036
			流动性控制能力	0.0264
			婚姻状况	0.0058

续表

一级指标	二级指标	权重	三级指标	权重
用户画像	行为特征标签	0.3902	交易特性	0.1644
			操作频率	0.0905
			持股集中度	0.05
			持股变动频率	0.0853
	行业偏好标签	0.0629	品种选择	0.0328
			个股选择	0.013
			所在行业	0.004
			新兴行业	0.013
	地域偏好标签	0.1494	所在地区	0.0585
			交易地区	0.0208
			籍贯	0.0188
			区域经济水平	0.0513
	风险偏好标签	0.1102	交易时机	0.0128
			换手率	0.0105
			投资组合	0.0362
			仓位状况	0.0507

资料来源：本书整理。

2. 熵权法基本原理

熵的概念，是在 1854 年由联邦德国物理家 T. Clausius 引入的，它在热力学上描述的是物体状态变化的量。1948 年，Shannon 根据前人的研究成果建立了信息熵，Shannon 认为它是一种独立于热力学熵以外的新概念，但它也具有热力学熵的特征。信息熵是现代信息处理的重要依据（Shannon，1974）。如今，信息熵已经成为人们对环境状态的一个度量，它在气象学、心理学、社会经济、电子工程等领域也得到了普遍应用。在使用熵来表征权重时，由于各评价指数的评值差别比较大，即熵值越小，给指数带来的信息量也就越多，对指数整体的影响也就越大，所以指数在体系中占有的权重也就比较高。因此，熵权法有别于层次分析法，它是一个客观赋量法。本书在使用熵权法过程中，先按照指数的变化情况用信息熵来表示指数的熵量，再使用得出的熵权对指数的主观权重加以调整，从而得出比较客观的总体权重。

熵权法的计算步骤为：设有 m 个评价指标，n 个评价对象，构造原始矩阵

$m \times n$ 矩阵为 $X = (x_{ij})_{m \times n}$。

$$X = \begin{bmatrix} x_{11} & x_{12} & \cdots & x_{1n} \\ x_{21} & x_{21} & \cdots & x_{2n} \\ \vdots & \vdots & \vdots & \vdots \\ x_{m1} & x_{m2} & \cdots & x_{mn} \end{bmatrix}_{m \times n} \tag{3-10}$$

其中，x_{ij} 为第 i 个评价指标第 j 位评价对象的评价值，则熵权计算步骤如下：

（1）对原始矩阵进行标准化，得到矩阵 $Y = (y_{ij})_{m \times n}$。

对于成本型指标，$y_{ij} = \dfrac{\max\limits_i (x_{ij}) - x_{ij}}{\max\limits_i (x_{ij}) - \min\limits_i (x_{ij})}$ \hspace{1cm} $(3-11)$

对于效益型指标，$y_{ij} = \dfrac{x_{ij} - \min\limits_i (x_{ij})}{\max\limits_i (x_{ij}) - \min\limits_i (x_{ij})}$ \hspace{1cm} $(3-12)$

（2）计算第 i 个指标的熵：

$$e_i = -K \sum_{j=1}^{n} f_{ij} \ln f_{ij} \tag{3-13}$$

式中，$K = \dfrac{1}{\ln n}$，$f_{ij} = \dfrac{y_{ij}}{\sum\limits^n y_{ij}}$，并且规定 $f_{ij} = 0$ 时，$f_{ij} \ln f_{ij} = 0$。

（3）第 i 个指标的差异系数为：$g_i = 1 - e_i$。

（4）计算第 i 个指标的熵权：

$$w_{ei} = \dfrac{g_i}{\sum\limits_{i=1}^{m} g_i} \tag{3-14}$$

3. 熵权法计算权重

按照上文描述的计算方法，将已处理过的数据集使用 Matlab 软件进行编程运算，通过运行软件计算出用户画像的客观权重，如表 3-11 所示。

表 3-11 用户画像标签的客观权重汇总

一级指标	二级指标	三级指标	权重
用户画像	基本投资能力标签	盈利能力	0.0004
		选择能力	0.0403
		投资年限	0.0329

续表

一级指标	二级指标	三级指标	权重
用户画像	基本投资能力标签	总体决策能力	0.0787
		风险控制能力	0.1002
		流动性控制能力	0.1072
		婚姻状况	0.0377
	行为特征标签	交易特性	0.031
		操作频率	0.0401
		持股集中度	0.0547
		持股变动频率	0.0026
	行业偏好标签	品种选择	0.0179
		个股选择	0.0082
		所在行业	0.0047
		新兴行业	0.0028
	地域偏好标签	所在地区	0.036
		交易地区	0.1441
		籍贯	0.0304
		区域经济水平	0.0297
	风险偏好标签	交易时机	0.0304
		换手率	0.0661
		投资组合	0.0546
		仓位状况	0.0493

4. 计算综合权重

层次分析法是主观的赋权分析法，在咨询顾问数量较多时，所得到的评估结论更具有科学性；但由于它主观性较大，结果容易出现随意性。熵权法相对来说比较客观，经过对原始资料信息的分析确定了权重值，对原始数据包含的重要信息做了更深层次的发掘；但由于它只能从资料中得出，单纯地为资料"说话"，而没有与学者的研究结果以及决策者的建议相结合，极有可能会使从研究结果中得出的权重值与现实状况并不完全吻合。

基于此，本书将层次分析法与熵权法相结联合赋权，努力使评价的结论既不完全倾向于主体又不完全倾向于客体，使其与客观现实状况更为接近。将由主体层次分析法计算结果所得的指数权重矢量和由客观熵权法计算结果所得的指数权

重矢量分别记作 w_1、w_2，将由二者合并后赋权所得的权值矢量记为 w，其具体计算公式是：

$$w = \partial w_1 + (1-\partial) w_2 \qquad (3-15)$$

组合赋权法得到的权重值随着 ∂ 的变化而变化。当 $\partial = 0$ 时，组合权重值对应的是由熵权法确定的权重；当 $\partial = 1$ 时，组合权重值对应的则是层次分析法计算确定的权重。为了简化处理，本书折中取值，即取 $\partial = 0.5$，得到最后的组合权值如表 3-12 所示。

表 3-12　用户画像标签组合权重汇总

用户画像标签	主观权重	客观权重	组合权重
盈利能力	0.1385	0.0014	0.06995
选择能力	0.0099	0.0402	0.02505
投资年限	0.0298	0.0328	0.0313
总体决策能力	0.0466	0.0786	0.0626
风险控制能力	0.036	0.1001	0.06805
流动性控制能力	0.0264	0.1071	0.06675
婚姻状况	0.0058	0.0376	0.0217
交易特性	0.1644	0.0309	0.09765
操作频率	0.0905	0.04	0.06525
持股集中度	0.05	0.0546	0.0523
持股变动频率	0.0853	0.0025	0.0439
品种选择	0.0328	0.0189	0.02585
个股选择	0.013	0.0081	0.01055
所在行业	0.004	0.0046	0.0043
新兴行业	0.013	0.0027	0.00785
所在地区	0.0585	0.037	0.04775
交易地区	0.0208	0.144	0.08185
籍贯	0.0188	0.0303	0.02455
区域经济水平	0.0513	0.0296	0.04045
交易时机	0.0128	0.0303	0.02155
换手率	0.0105	0.066	0.03825
投资组合	0.0362	0.0545	0.04535
仓位状况	0.0507	0.0493	0.0472

五、小结

本节按照不同维度确定了股票的主要特征指标，并采用层次分析法和熵权法计算总指数权重，并对各个二级指数加以衡量。在此基础上，可将该指标体系用在评价股票投资者的评价模型中，由于方法比较成熟，本章将不进行设计。本书将通过 XGBoost 模型学习中的主题研究与大数据测量后的分析相结合构建股票投资者的分类标签模型，通过 TOPSIS 模型构建股票投资者的评价投资模型，通过 FNS-LDA2vec 模型构建股票股吧评论数据挖掘模型，最后可以得出基于金融大数据的股票投资者的画像结果。

第四节　股票投资者用户分类标签模型构建

一、用户画像的数据收集

为了提高用户画像的完整性，需要收集足够数量的关键信息（如行为、偏好和需求数据）（Hong & Xing，2019）。用户配置文件的数据维度越完整，字符特征就越丰富。需要为用户画像采集数据分为两类：一是固定数据，如用户基本信息（姓名性别、年龄职业、身高体重等）、地理位置等。在大多数情况下，这些用户数据标签不会更改或在短时间内不会更改。二是可变数据，如有一定较短变化周期的行为与偏好数据，以及需求数据中的搜索记录、库存浏览记录、兴趣类型、库存需求类型等信息。这些用户数据变化迅速，甚至许多用户的需求每周都在变化。一旦用户的某个需求得到满足，这些用户在短期内就不会有相同的需求。本书将用户数据分为三类：基本数据、模拟交易数据和股吧发帖数据。由于股票投资受隐私保护的影响，在研究领域还没有完整且公开的可用数据集。不过，随着全民炒股热潮不断上扬，各大金融服务机构也陆续推出了模拟炒股等赛事与活动。这些模拟活动既可以吸引用户参与股票投资，又可以采集模拟的数据进行相关研究。对于这些采集信息，各机构可以分析出用户的行为与偏好来进行精准服务推送。对于用户来说，在进行模拟操作时，不但有助于帮助自己增长相关经验，还可以寻找到相关投资偏好的其他用户，扩大自己的社交圈和影响力。

因此，用户会在模拟时尽可能的贴近"真实"操作，这样收集到的数据用相关方法进行分析和研究得到的结论对实际投资操作也是有效的。某金融服务机构旗下的金融服务网站是国内现有既包含金融股票时讯又具备全方位金融服务的网站之一，该网站最重要的两个金融服务就是"股吧社交"与"模拟投资"。该网站通过这两项服务积攒了大量的用户，因此以该网站用户相关投资数据进行建模与分析就可以得出用户的行为与偏好特征。该网站也与另一家网站在模拟投资上有合作，在分享筛选脱敏后的用户数据后，两家网站进行的数据源整合将在原有基础上进一步提升数据分析结论的真实性。

获取投资用户数据的主要方式是利用 Python 爬取某公开金融服务网站的公开数据。通过 Python 模拟用户登录网站，然后爬取访问到的公开信息，并对爬取到的信息进行数据筛选以得到可用内容。在利用 Python 建模时需要结合网站页面的渲染方式和数据传送方式，同时需要对动态页面进行处理，构建符合人类点击网站特征的程序；除此之外，还需要根据任务进行逻辑处理，以保证 URL 的可执行性，避免程序进入死循环，造成数据失真。本节模型获取投资用户数据的工具是采用 Python 语言的 Serapy 框架设计的分布式网络爬虫。Serapy 框架是一种可扩展、跨平台的网络爬虫框架，Serapy 框架内部包含了两大功能：URL 去重和数据结构化储存。当采用 Serapy 框架时，编程人员可以简单地根据网站界面建立逻辑顺序就可以成功进行网络爬取。本节模型在爬取数据时需要采用主从数据模式，该模式设置的控制节点将会把任务分配给不同的爬虫，爬虫爬取数据时遇到新任务就会及时反馈给控制节点，在更新地址列表之后完成数据存储。Serapy 框架主要分为五个模块：调度器，主要负责存储、调度 URL，并进行数据处理（排序、去重）；下载器，基于 Twisted 高效异步模型高速爬取页面数据并下载网络资源；爬虫，主要负责设计程序逻辑，能根据不同数据要求设计相对应的逻辑结构；实体管道，主要负责验证数据的有效性和真实性，提前筛选出可用数据；Scrapy 引擎，是整体框架的核心，负责控制其他模块以及整体流程。

爬取数据需要三步：用户基本信息爬取；用户社交信息爬取；用户投资信息爬取。其中前两步是最后一步的铺垫。目前，为解决无法爬取全部用户列表的问题，本节将某公开金融服务网站上投资榜单的数据作为数据源。该榜单均为活跃用户，分为两大模块（各 500 人）：收益排行榜，该榜单有五个部分（单日收益、5 日收益、20 日收益、250 日收益以及总收益），每个部分都包含了五百名投资用户；特色榜，该榜单也有五个部分（常胜型、稳健型、创新型、短线型、抓涨停型）。单个榜单均是 100 人，两个模块内的用户均是具有分析价值的对象。

二、分类模型构建

Gradient Boosting 算法学习机制是共轭迭代构建 K 个不同的个体学习器：f_1 (x)，$f_2(x)$，$\cdots$，$f_n(x)$。每添加一个新的学习器都会使整体预测损失更小。其中第 t 轮迭代的学习器为：

$$f_t(x) = f_{t-1}(x) + L[x, f_t(x)] \tag{3-16}$$

其中，$f_{t-1}(x)$ 为从第 1 到第 $(t-1)$ 轮迭代的学习器；$L[x, f_t(x)]$ 为第 t 轮的损失函数。

假设第 $(t-1)$ 轮迭代得到的学习器为 $f_{t-1}(x)$，损失函数为 $L[x, f_{t-1}(x)]$，那么本轮的迭代目标就是找到一个 $L[x, f_t(x)]$，来最小化目标函数。

基于以上推论，极端梯度推进决策树回归算法总结如下：

（1）定义目标函数。

$$obj(\varphi) = \sum_{i=1}^{n} l(y_i, \widehat{y}_i) + \sum_{i=1}^{K} \Omega(f_k) \tag{3-17}$$

其中，$\sum_{i=1}^{n} l(y_i, \widehat{y}_i)$ 为所有样本的损失函数；$\sum_{i=1}^{K} \Omega(f_k)$ 为正则化项；n 为样本量；i 为第 i 个样本；K 为学习器个数。

$$\Omega(f) = \gamma T + \frac{1}{2}\lambda \parallel \omega \parallel^2 \tag{3-18}$$

其中，T 为叶子节点个数；ω 为叶子节点的分数；γ 与 λ 为控制参数，以防过拟合。

（2）基于 GB 理论，第 t 轮的学习器等于前 $t-1$ 轮的学习器加上 f_t。

$$\widehat{y}_i^{(t)} = \widehat{y}_i^{(t-1)} + f_t \tag{3-19}$$

其中，$\widehat{y}_i^{(t)}$ 为样本 i 在第 t 轮迭代的学习器；f_t 为样本 i 在第 t 轮迭代的损失函数，则目标函数可以表示为：

$$obj(\varphi) = \sum_{i=1}^{n} l[y_i, \widehat{y}^{(t-1)}i + f_t] + \Omega(f_t) \tag{3-20}$$

（3）在构建第 t 个学习器时要寻找最佳的 f_t，来最小化目标函数。利用 $f_t = 0$ 处的泰勒二阶展开来对它进行近似处理，则目标函数可以近似为：

$$obj(\varphi)^{(t)} \simeq \sum_{i=1}^{n} \left(g_i f_t + \frac{1}{2} h_i f_t^2 \right) + \Omega(f_t) = \sum_{i=1}^{n} \left(g_i w_q + \frac{1}{2} h_i w_q^2 \right) + \gamma T + \lambda \frac{1}{2} \sum_{j=1}^{T} w_j^2$$

$$\tag{3-21}$$

（4）将目标函数改写成关于叶子节点分数 ω 的一个一元二次函数，求解最优 ω 和目标函数值就变得很简单了，直接使用顶点公式代入即可。因此，最优的 ω 和目标函数的表达式变换为：

$$w_j^* = -\frac{G_j}{H_j+\lambda} \tag{3-22}$$

$$obj(\varphi) = -\frac{1}{2}\sum_{j=1}^{T}\frac{G_j}{H_j+\lambda}+\lambda T \tag{3-23}$$

基于前文所述的用户标签体系，本书确定了五类股票投资用户标签，分别为投资能力标签、行为特征标签、行业偏好标签、地域偏好标签与风险偏好标签，将各类标签中的评分标签代入上述模型即可。

投资能力标签，可通过对用户投资历史行为分析获得，通过量化用户投资能力指标进行标签构建，得到相应的评分。该标签包含盈利能力、选择能力、投资年限、职业类型、资产现状。投资能力评估主要包含两个部分：①把收益排行榜对应划分为收益率，然后根据整合用户操作信息，计算其决策能力并根据收益生成相应评分；根据最大回撤计算风险控制能力；根据持仓品种的成交量和投资资产分布计算流动性控制能力；根据决策能力、风险控制能力和流动性控制能力评估用户的中长期收益能力和短线收益能力。②计算综合评分，比较投资用户的实际收益和基准的投资组合收益率，然后依次对比基础收益、最高收益和最低收益，并计算综合评分。

行为特征标签，可通过交易特性、操作频率、持股集中度、持股变动频率等衡量。①交易特性，投资用户往往会在投资操作行为中表现出自己的交易特性。交易特性主要分为高抛低吸和追涨杀跌两种。高抛低吸表示投资用户觉得股票价格不会持续上涨时将股票抛售，或觉得股票价格不会持续下跌时选择买入；追涨杀跌表示投资用户认为股票价格将继续上涨时选择买入，或认为股票价格将要下跌时抛售。这两种交易特性反映了投资用户在面临预测股票上涨或下跌时的不同投资决定。②操作频率，通常用日均交易来表示该标签。通常情况下，偏向短线交易的用户会在短时间内频繁操作买卖，因为他们擅长从短期内的快速股价变化中获利。但偏向中长线交易的用户就更看好某些股票的长期走势，他们不会因为短期内的快速盈利而心动，更擅长长期操作。所以，采集操作频率是一种高效刻画用户行为特征标签的方式。③持股集中度，表示用户投资周期内每日持股数量的平均值。这一数量可以反映出投资用户持仓偏好是偏向集中还是分散，也就指明投资用户的风险承受能力是怎样的。偏好集中持仓的投资用户整体来说更能承受集中持仓带来的比分散持仓更大的风险，因此偏好集中持仓的用户也就比偏好分散持仓的用户整体上更能承受风险。而承受风险的能力侧面反映了用户的投资行为特征。④持股变动频率，与操作频率类似，不过操作频率偏向买卖某些固定股的操作次数，而持股变动频率主要反映用户购入或卖出不同股的频率。

行业偏好标签、地域偏好标签对股票用户的画像同样有着重要的意义。股票有时类似于房价，因为地域原因，有些同一行业且体量相似的个股股价就有不小的差别。例如，投资用户就会偏向购入经济发达地区的企业股票，认为这些地区的企业营收能力会更好一点。此外对于股票投资者来说，他们还会考虑行业、市场等因素。所以，对于市场前景很好或者当前很火热的行业，投资者就会去尝试在这一板块去投资，且不限于主板、中小板及创业板等。而国家政策或重大事件对于股票市场往往会有不同程度的影响，因此就引申出了"概念选股"，是指在这些话题里选择有关联的股票去进行买卖。地域偏好标签与行业偏好标签、市场偏好标签及概念偏好标签的计算方法一致。

用户风险偏好标签，主要通过交易时机、换手率、投资组合状况以及仓位状况等评分标签来衡量。①交易时机，表示投资用户在买入时的价格与历史交易的比较。②换手率，表示用户的当日交易额与每日负债的比率，用户换手率也可以由当日交易额与每日负债的比率描述。短线投资者的换手率往往会超过中、长线投资者的平均换手率，但由于中短线投资者往往需要短时间完成巨量买卖，方可在股票价格的短暂震荡中获益，因此短线投资用户会有较大的日均成交量。但是长线投资者不会太关注股票短期内的价格波动，因此价格波动也不会太影响他们的换手率，也就不会有较高的日均成交量。③投资组合状况，指明了投资者交易时在股票属性以及基本面上的偏好。在投资时，用户会在某些因素上体现出自己的投资偏好，通过收集这些偏好信息，就可以发现用户在选择投资目标时的倾向性。④仓位状况，指账户的持仓份额，即账户目前购买股票的资金规模与总资本的百分比，也就是仓位比（表示用户在投资过程中的资产配置）。在股票投资风险管理中也包含仓位管理，因为投资过程中高额利润总是代表着高风险，高位可能获得高收益也会因为高回撤而失去大量现金。所以在股市持续波动时，风险承受能力和盈利期望将会影响投资者的决策：选择低仓位会较大可能规避风险，选择高仓位有可能获得极大收益。因此，掌握仓位管理能力，用户就可以实现长久的收益。所以有些投资者将仓位控制看得比盈利更加重要。

三、算例分析

本书基于上文所提数据采集方案收集数据并构建 XGBoost 模型，对投资者进行分类，具体检验结果如下：对于分类质量来说，本节选取了四种集成算法（随机森林算法、基于 Boosting 的 Adaboost 算法、GBDT 算法和 XGBoost 算法）作为基准算法进行比对。各分类算法效果如表 3-13 所示。

表 3-13　各分类算法效果比较

算法	精确度	召回率	F1	AUC
随机森林算法	0. 7211	0. 8445	0. 7780	0. 9076
Adaboost 算法	0. 7163	0. 7383	0. 7272	0. 8560
GBDT 算法	0. 7238	0. 8150	0. 7949	0. 9256
XGBoost 算法	0. 7349	0. 8857	0. 8033	0. 9285

资料来源：本书整理。

从表 3-13 中得知，在用户分类预测问题时，以上四种集成方法的精确度、召回率、F1 和 AUC 排序均为：XGBoost>GBDT>随机森林>Adaboost。在这四种方法中，分类结果最佳的是 XGBoost。

第五节　股票投资者评价标签模型构建

一、基于 TOPSIS 的投资者标签评价方法

TOPSIS（Technique for Order Preferenceby Similarity to Ideal Solution），即近似理想优解距的排列方法。TOPSIS 是一种比较常用的综合计算和评价的方法，能够尽可能地利用原始结论去分析数据信息，能够准确直接地反映各个方案评价对象与结果之间的相对距离。

基于前文所构建的用户标签体系（如表 3-10 所示），在确定的投资能力标签、行为特征标签、行业偏好标签、地域偏好标签与风险偏好标签中，分别利用

投资者各类标签下的指标对投资者进行评价，判断投资者在各类标签中的属性表现。

TOPSIS 会先定义决策问题的最优解和最劣解，然后在可以实施的解决方案中找到最佳结果，并使其尽可能地接近最佳解决方案，尽可能地远离最差解决方案。理想可行解一般被看作一个设计中的最优方法，它对应的理想特性应该至少满足可行解的一个合理方案的最佳值；负理想的可行解通常为一个负理想方案，并假设了方案的最坏状态，其相应的条件至少不可能超过可行解和一个负理想答案之间的最大差。若可行解最靠近理想可能解，同样也最偏离负理想可能解，则该解本身对于整个方案来说是一个令人满意的可行解。

在股票投资者评价中则需要定义一个最能够代表本类标签的股票投资者属性与最不能代表本类标签的投资者属性作为对比值，然后分别综合计算各个用户分类标签中待评价股票投资者与本标签下的最优值与最劣值之间的相对接近程度，以此作为各个标签中股票投资者从属标签的重要依据。

二、基于 TOPSIS 的投资者标签评价模型构建

指标是一种评价方法的基础，指标的好坏直接影响该评价方法的结果。由于 TOPSIS 分析方法在分析时需要对对标指标中的数据进行正向化的预处理，所以对初始指标的正负向讨论直接影响着 TOPSIS 评价方法最终结果的准确度。将婚姻状况这一标签稳定设定为 0、不稳定设定为 1 时，基于 TOPSIS 模型的股票投资者评价指标分类实例如表 3-14 所示。

表 3-14　基于 TOPSIS 的股票投资者评价常见指标类型

指标类型	指标特点	指标示例
极大型指标	越大（多）越好	盈利能力
极小型指标	越小（少）越好	婚姻状况
中间型指标	越接近某个体值越好	持股集中度
区间型指标	落在某个区间最好	操作频率

资料来源：本书整理。

由于使用 TOPSIS 在进行评价时，默认所有数据指标皆为正向指标，所以在分析前需要对规定好的负向化指标进行正向化。具体步骤如下：

1. 负向指标正向化

取指标数值中，最高数值为 max，最低数值为 min，构造计算评分的公式：

$$\frac{x-\min}{\max-\min} \tag{3-24}$$

将所有的指标转化为极大型指标，即指标正向化。

极小型指标转换为极大型指标的公式为：

$$\max-x \tag{3-25}$$

2. 标准化处理

为了消除不同指标量纲的影响，需要对已经正向化的矩阵进行标准化处理。在标准化处理的计算公式中，假设有 n 个要评价的对标管理对象，m 个指标评价（已经正向化）构成的正向化矩阵如下：

$$X=\begin{bmatrix} x_{11} & x_{12} & \cdots & x_{1m} \\ x_{21} & x_{21} & \cdots & x_{2m} \\ \vdots & \vdots & \ddots & \vdots \\ x_{n1} & x_{n2} & \cdots & x_{nm} \end{bmatrix} \tag{3-26}$$

对其标准化的矩阵记为 Z，Z 中的每一个元素为：

$$Z_{ij}=\frac{x_{ij}}{\sqrt{\sum\limits_{i=1}^{n} x_{ij}^2}} \tag{3-27}$$

3. 计算各单位对标管理指标得分

假设有 n 个要评价的对象，m 个评价指标的标准化矩阵为：

$$Z=\begin{bmatrix} z_{11} & z_{12} & \cdots & z_{1m} \\ z_{21} & z_{21} & \cdots & z_{2m} \\ \vdots & \vdots & \ddots & \vdots \\ z_{n1} & z_{n2} & \cdots & z_{nm} \end{bmatrix} \tag{3-28}$$

（1）定义最大值：

$Z^+=(Z_1^+, Z_2^+, \cdots, Z_m^+)$

$=(\max\{z_{11}, z_{21}, \cdots z_{n1}\}, \max\{z_{12}, z_{22}, \cdots, z_{n2}\}, \cdots, \max\{z_{1m}, z_{2m}, \cdots,$

$z_{nm}\})$ (3-29)

（2）定义最小值：

$Z^-=(Z_1^-, Z_2^-, \cdots, Z_m^-)$

$$= (\max \{ z_{11}, z_{21}, \cdots, z_{n1} \}, \max \{ z_{12}, z_{22}, \cdots, z_{n2} \}, \cdots, \max \{ z_{1m},$$

$$z_{2m}, \cdots z_{nm} \}) \tag{3-30}$$

（3）定义第 i（$i=1, 2, \cdots, N$）个评价对象与最大值的距离：

$$D_i^+ = \sqrt{\sum_{j=1}^{m} (z_j^+ - z_{ij})^2} \tag{3-31}$$

（4）定义第 i（$i=1, 2, \cdots, N$）个评价对象与最大值的距离：

$$D_i^+ = \sqrt{\sum_{j=1}^{m} (z_j^- - z_{ij})^2} \tag{3-32}$$

（5）最终可以计算得出第 i（$i=1, 2, \cdots, N$）个评价对象归一化的得分：

$$S_i = \frac{D_i^-}{D_i^+ + D_i^-} \tag{3-33}$$

根据公式可以得出，S_i 值为 0~1。

4. 归一化评分

按式计算 S_i，并按每个单位的相对接近度 S_i 的大小排序，得到股票投资者在各类标签中的情况排名，从而确定股票投资者各类评价标签属性。

三、算例分析

根据上述 TOPSIS 模型计算方法，以股票投资者的投资能力标签为例，代入500名股票投资者的投资能力标签属性下所有指标建立模型后，将待评价的股票投资者 X 相关指标数据代入模型中，得到的结果如表 3-15 所示。

表 3-15 投资者 X 投资能力标签 TOPSIS 排名

	正理想解距离 D	负理想解距离 D-	相对接近度 Si	排序结果
股票投资者 134	58.232	1540.112	0.964	1
股票投资者 224	78.479	1511.776	0.951	2
股票投资者 156	79.127	1442.72	0.845	3
股票投资者 X	93.47	1442.65	0.826	4
股票投资者 432	101.593	1382.344	0.804	5
……	……	……	……	……
股票投资者 78	545.964	1027.233	0.653	492
股票投资者 57	604.22	987.103	0.62	493

	正理想解距离 D	负理想解距离 D−	相对接近度 Si	排序结果
股票投资者 48	833.786	760.82	0.477	494
股票投资者 9	951.998	621.017	0.395	495
股票投资者 102	1062.419	517.189	0.327	496
股票投资者 115	1145.416	443.057	0.279	497
股票投资者 238	1203.498	373.596	0.237	498
股票投资者 429	1219.055	363.263	0.23	499
股票投资者 272	1263.295	310.762	0.197	500

资料来源：本书整理。

由基于 TOPSIS 的投资能力评价模型结果可知，股票投资者 X 在投资能力标签评价中的排名为第 4 位，接近最高值，则可以将股票投资者 X 的投资能力这一标签定义为投资能力强，作为后续股票推荐的推荐标准之一。

再以风险偏好标签为例，将股票投资者 X 的指标信息代入基于 TOPSIS 的风险偏好评价模型，得到的股票投资者 X 风险偏好标签评价排名如表 3−16 所示。

表 3−16 投资者 X 风险偏好标签 TOPSIS 排名表

	正理想解距离 D	负理想解距离 D−	相对接近度 Si	排序结果
股票投资者 67	48.262	1640.149	0.983	1
股票投资者 344	56.458	1611.782	0.963	2
股票投资者 357	77.237	1567.381	0.947	3
股票投资者 261	83.431	1543.57	0.923	4
……	……	……	……	……
股票投资者 361	964.254	136.548	0.573	492
股票投资者 X	975.235	130.56	0.519	493
股票投资者 245	978.259	102.587	0.506	494
股票投资者 63	995.235	98.574	0.456	495
股票投资者 61	1023.565	93.567	0.368	496
股票投资者 462	1068.559	89.564	0.297	497

续表

	正理想解距离 D	负理想解距离 D-	相对接近度 Si	排序结果
股票投资者 358	1096. 258	87. 567	0. 239	498
股票投资者 277	1133. 059	78. 685	0. 205	499
股票投资者 365	1168. 223	70. 745	0. 157	500

资料来源：本书整理。

由基于 TOPSIS 的风险偏好评价模型结果可知，股票投资者 X 在风险偏好标签评价中的排名为第 493 位，接近最低值，则可以将股票投资者 X 的风险偏好这一标签定义为风险厌恶型，作为后续股票推荐的推荐标准之一。

最后将股票投资者 X 的指标分别代入其余的各标签进行评价，则最终可以得到股票投资者 X 的全部分类标签属性。

第六节　基于 FNS-LDA2vec 的股票投资者股吧话题偏好挖掘

一、实验数据获取及预处理

股票投资者的交易数据一般都是存放在券商的交易系统中，因为这些数据具有高度的机密性，缺乏足够的开放源码数据，因此本书只对社会媒体上相关的公开信息进行了有效的分析。但是，由于客户的交易行为和客户都拥有与券商相关的资料，因此，本章所提银行客户自定义模型并非完全可信。在此基础上，本章将三个要素的一维信息进行了连接，并运用本书的方法，获得了一个更为完善的股票投资者的用户画像。

1. 数据源选择与数据获取

与传统的纸质媒介相比，网络媒介具有更好的交流技能且更易于交流。随着互联网的日益普及，人们开始利用网络来获得和传播信息。目前，国内最常用的股票交易平台有东方财富—华夏股票。文章选择了东方财富项目网站的第 2 部分"实战行情"作为用户安全需要的信息来源。其原始数据表（部分）如图 3-3 所示。

Index	昵称	月份	内容	吧龄（年）	粉丝量	总访问量	关注量	发帖量	评论量
1	财经评论	1	来源：东方财富研究…	6.8	915689	64547597	33	3.64e+06	699
2	东方财富网	7	互联网时代，炒股就…	13.8	1248394	154495285	42	1.25e+03	955
3	困到无极限	1	下周是持股还是持市…	3.1	454	57430	0	115	15
4	精财视界小视频	1	正是今年风景美，千…	3.5	2777	11028	2	73	1
5	木槿兮	1	岁月不居，时节如流…	3.1	734	192389	39	117	231
6	黎明前的钟声	1	解禁非减持，毕竟挑…	4.6	1607	355696	0	3.39e+03	476
7	大国a股民	1	自从众多的机构调研…	9	310	561425	0	249	59
8	南山翁	1	股市连续数周上涨几…	7	2520	464717	0	723	43
9	股市剩贤	1	明天是否过年红？一…	6.3	376	13104	0	1.03e+03	nan
10	铭沣律师	1	国农科级（000004）…	7.1	73	2045	117	52	2
11	蓝狐悟道	1	一斗熊战队股市收评…	2.6	38	18444	0	967	nan
12	金秋论股	1	金秋论股在这里提起…	4.3	2214	122879	2	366	20

图 3-3 东方财富股吧—股市实战吧原始数据（部分）

2. 数据预处理

①由于使用者在帖子中包含大量的"噪声资讯"，如 HTML、英文、特殊符号等，必须首先进行中文分词，去除主体上的末尾，这样才能为投资者所喜爱的网站在网站后面建立一个资料库。②矿井实验。在这一实验中，通过选择合适的单词验证工具，将单词分离出来，并对结束单词库进行结束字抽取。③目前流行的四大中文收尾。目前流行的中文后缀表包括哈工大后缀表、百度后缀表等。经上述操作处理后的用户发帖内容（部分）如图 3-4 所示。

Index	Type	Size	Value
55	str	1	昨天 收盘 点评 里 道歉 想 晚上 道歉 预测 错误 回过 头 前天 大前天 收盘 点评 实…
56	str	1	四大 指数 低开 高 走 创业板 冲上 点新 牛市 每次 调整 引来 报复性 上涨 涨 高涨 …
57	str	1	作者 资本 时差 简介 金融学 博士 海外 闲来无事 扒 扒 上市 公司 股 上市公司 中一…
58	str	1	创业板 走 周期 此前 判断 点到达 这是 周线 周期 顶到 此前 预判 走 创业板 指数 …
59	str	1	年 春节 前 低点 正好 切合 中国 宏观经济 寻底 坐底 打出 第一个 低点 上市公司 财…
60	str	1	一家 听到 名字 公司 安霏 智电 股价 块 涨 公司 干 估计 庄股 龙虎榜 显示 昨天 机…
61	str	1	随便说说 咖 温馨 提醒 春节 二线 绩优股 主升
62	str	1	瑞 股份 季报 元 元
63	str	1	老巴说 投资 第一 要素 保住 本金 要喜 记住 第佳 要喜 神仙 心态 极为重要 前 几天…
64	str	1	承接 市场 昨日 杀跌 股 市场 早盘 低开 低besuch 市场 更是 早盘 接连 跌破 点 日线 逼…
65	str	1	警告 港股 暴跌 改变 主力 拉升 低吸 机会 严正声明 本博 年 月 日 媒体 微信 注册…

图 3-4 文本预处理后的股吧用户发帖内容（部分）

由于不同的数据类型之间的数量有很大的差别，所以本书先把网站的号码单位合并成"数字"，再通过六种数据类型的对比，为以后的聚类分析做好准备。图 3-5 显示出了以上操作过程中的用户数据（部分）。

	0	1	2	3	4	5
0	0.733	0.383	0.031	1.000	0.093	0.476
1	1.000	0.916	0.040	0.000	0.128	0.972
2	0.002	0.000	0.001	0.000	0.000	0.242
3	0.001	0.001	0.037	0.000	0.031	0.214
4	0.000	0.000	0.112	0.000	0.000	0.497
5	0.002	0.001	0.001	0.000	0.003	0.299
6	0.001	0.011	0.008	0.001	0.004	0.370
7	0.001	0.001	0.064	0.000	0.004	0.377
8	0.002	0.002	0.022	0.001	0.000	0.327
9	0.003	0.007	0.066	0.000	0.004	0.313
10	0.005	0.000	0.002	0.001	0.000	0.412
11	0.000	0.000	0.123	0.000	0.000	0.320

图 3-5　归一化后的股吧用户数值型数据（部分）

二、基于 FNS-LDA2vec 的股吧话题偏好挖掘模型

本书的研究内容分为 FNS－LDA2vec 的条目抽取和与传统 LDA 项目（Zheng & Wang，2009）抽取的对比。这个问题是最常见的一个评估方法，可以从多个方面说明工程模型的减法效应。本书采用问题变量来决定主观抽取对象的最佳样本数，相应的计算公式如公式（3-34）所示：

$$Perplexity = \exp\left[-\frac{\sum_{d=1}^{M}\log(w)}{\sum_{d=1}^{M}N_d}\right] \tag{3-34}$$

1. 模型构建

基于 FNS-LDA2vec 的股吧用户话题偏好挖掘步骤如下：

第一步：词向量的表示。可通过 Word2vec 词向量模型中的 Skip-gram 模型实现，利用词的上下文信息，将文本内容的处理转化为 K 维向量计算。这一步一般

使用 Word2vec 词向量模板生成测试组中词的向量词作为后续词条。测试是使用 gensim 工具包（Phon-Amnuaisuk，2019），其相关重要参数设置如表 3-17 所示。

表 3-17　Word2vec 词向量模型相关参数设置

参数	值	含义
sg	1	训练模型为 skip-gram
size	100	词向量维数
window	5	训练窗口大小
min_ count	5	字典截断最低频次
hs	0	不使用 HS 方法
negtive	5	noise words 个数

资料来源：本书整理。

第二步：文档向量表示。采用了动态 LDA 项目模式（时间块的持续时间设置为三个月），并支持 sklearn 工具包中的函数参数的动词矩阵功能；使用 LDA. inference 类计算文档权重并相乘来获取文档向量，用于后续插入。本测试中主题数量的选取基于以下两种标准：本书的内容需要和主题问题。本书模型的主题困惑度如图 3-6 所示。

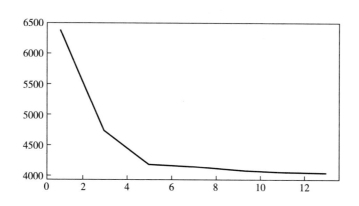

图 3-6　本书模型困惑度

资料来源：本书整理。

考虑到主题分布要成为用户聚类的特点之一，所以数量也不能太大。从图

3-6 可以得知, 在本章实验模拟的题目数 k 增至 5 以后, 其困惑度曲线渐趋于平稳, 并维持了一致性, 因此本章实验使用的 LDA 模型与改进模型中的题目数 k 都设定为 5。

第三步: 对核心算法迭代。结合上文中, FNS-LDA2vec 问题提取模型的最基本方法是, 通过名词矢量与文档矢量来学习问题特征, 并通过目标函数实现迭代。

2. 结果分析

通过利用 wordcloud 库, 人们能够形成股吧中的词汇云, 并对进行预处理的文本信息实现可视化展现 (见图 3-7)。"组合""技术""市场"等是今年股吧用户中使用最多的三个关键词, 而"委托""公司""分享""创建""购买"等这些关键词也都是比较常用的, 这也意味着股吧用户中最关心股票投资的实际操作中的问题。

图 3-7 股吧用户群体词云表示

基于本书中爬取数量的时间限制, 仅以发帖数量时间相对均匀的东方财富网为例, 采用裁剪时间压缩的方式, 展示制作树站点用户云数据, 时间期限为三个月, 所得到的动词云画像效果如图 3-8 所示。

由图 3-8 可知, "市场"和"公司"是四个时间段的两个关键词, 但不同时间段的类别不同。股票的变动在 t_1 和 t_2 期间更为常见, 但在 t_2 和 t_3 期间较少; 投资标的发生在时间 t_1 和 t_3 频率。时间发生的频率较高, 但时间 t_3 和 t_4 的发生频率低于过去。以上结果表明, 股票投资者的话题偏好在第一时期是持续的, 但

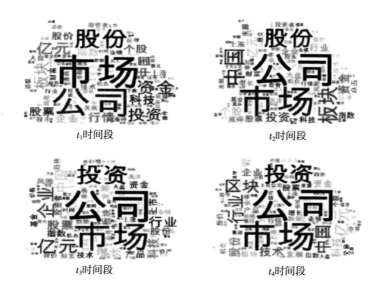

图 3-8　以东方财富网为例的动态词云表示

在不久的将来也会发生变化。在对投资者进行偏好分析时，需要注意偏好的动态演变，以便理解和分析。可以使用 pyLDAvis 库，对投资者股吧话题的偏好进行可视化展示。pyLDAvis 库中的可视化界面包括两个部分：左边是每个提取项的可视化显示，图形的深浅代表每个项中出现的概率，图形中间的大小、深浅代表和主题时间的比例；右边是每个关键词出现的可视化显示，浅色表示一个关键词出现的次数，而主题上条目的顶部标志则为深色，以指示主题发生的概率。基于本书模型的主题提取 pyLDAvis 可视化演示，如图 3-9 所示。

因为 pyLDAvis 的可视界面是互动的，所以在此，本书选取了第三个主题作为视频展示的例子。从图 3-9 可以看出，第三个问题的可能性是 16.1%，下面的关键词是"科技""区块链""中国"。从展示 pyLDAvis 全部工程的互动网页可以发现，五个条目的出现频率分别为 36.3%、33.2%、16.1%、10.8%、3.5%；归纳为实用资讯、行业交流、相关技术、学习讨论、企业产品。两个更广泛的话题是关于实用的和工业的。在词云视觉中，效果也是相同的。通过以上分析，本书发现，主题解释能力很强，归纳总结容易，图像清楚，学科间的联系也不一样，没有太多的重复和重叠。

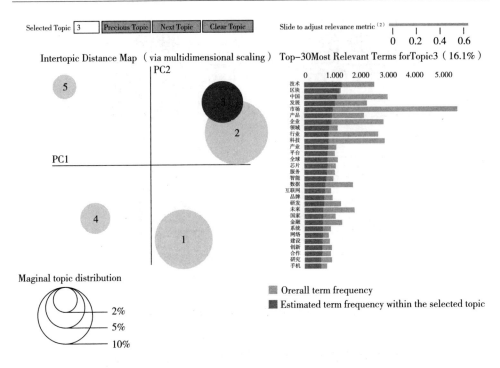

图 3-9　基于 FNS-LDA2vec 主题提取的 pyLDAvis 可视化演示

3. LDA 与 FNS-LDA2vec 的对比

图 3-10 为两种模式用户发帖中主题词的权重分配比较。特定单词的权重相似（只显示前八个词，权重保留到小数点后六位）；两个模型的主题困惑度对比如图 3-10 所示，主题数 k 的范围设置为 [1，100]。

从左侧来看，基于 LDA 模型的主题-词权重分布下，各主题下的单词重要性差别不大，定义也不是很清楚。主题 0 和主题 3，读者可以更清楚地看到每个主题词的重要性，容易区分。从右侧来看，取自 LDA 模型的主题下，词的关联性不在 FNS-LDA2vec 模型的高度，如主题 1、主题 2、主题 3 所示，这表明 FNS-LDA2vec 模型是基于具有更低的清晰度和更简单的潜在客户分析的 Take 原则。此外，本书发现，LDA 模型下的项目与安全投资的主要项目背景不太相似，只有项目 0 和项目 4；FNS-LDA2vec 模型下的五个项目与安全投资的主要项目相似。

总的来说，本书模型的项目问题比较稳定，尤其是由于主题数量在 [1，40] 范围内；LDA 模型也显示了全貌。但在测试员比例的可变性方面不同，说明了本书模型的测试者加减法结果比较稳定，因此对测试人员数量的影响变化相对较小，

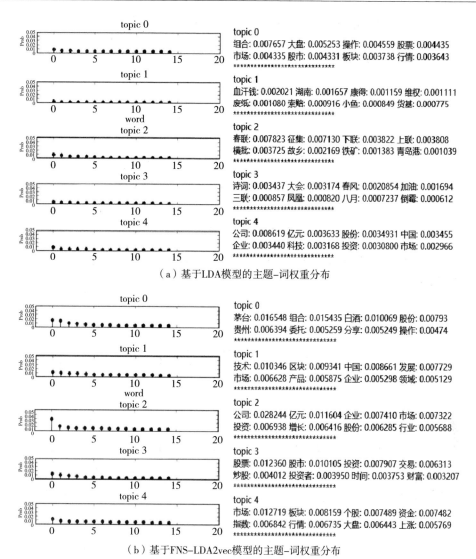

（a）基于LDA模型的主题–词权重分布

（b）基于FNS–LDA2vec模型的主题–词权重分布

图3-10　基于 LDA 与 FNS-LDA2vec 的股吧用户主题-词权重分布对比

较一般的 LDA 模式适用范围更为广。通过图 3-11 中对两条曲线的比较就可发现，主题数量的范围都在［2，100］的区间内，而本书模式较传统 LDA 模式误差程度要小，所以将本书模式运用于主题筛选工作中有着相当的优势。

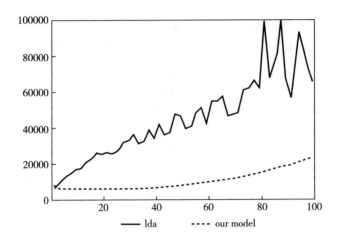

图3-11　基于 LDA 模型和基于 FNS-LDA2vec 模型的项目问题对比

资料来源：本书整理。

第七节　本章小结

　　本章主要对股票投资者进行分类。首先，利用国泰君安（CSMAR）数据库和各大金融类门户网站，将时间窗口圈定在 2015 年 1 月至 2019 年 12 月，通过采集的个人投资者/机构投资者行为数据、上市公司基本数据、股票企业基本数据、股票投资者持股信息以及其他有关信息，形成了初始的股票投资者数据集合，进而再经过大数据清洗和数据分析的梳理与总结，将基本数据分类为宏观统计习惯、宏观经济消费特点、股票属性、企业属性、公司相关资讯、微观消费与投资特点等。其次，模型建立和标签的过程。主要通过特征处理、大数据构建、机器学习、预测计算等方法，构建股票投资者的行为模型，并对股票投资者进行标签化。再次，股票投资者画像阶段，在上述标签的基础上，通过股票投资者的投资行为信息、股票资讯数据、股票投资者所持有股票及所在的上市公司基本数据等，抽象出来一种标签化的股票投资者模式。最后，构建了基于 XGBoost 算法的投资者分类模型，进行了算例分析，验证了本章所提模型以及数据采集方案的有效性。根据 TOPSIS 评价模型，对各个股票投资者进行标签评价与最终的标签确定；通过股吧文本数据和 FNS-LDA2vec 方法构建了投资者话题偏好挖掘模型，并对股票投资者进行话题偏好画像，为后续章节推荐模型的构建提供投资者画像标签。根据不同模型的分析，可以得出股票投资者的画像结果，如表3-18所示。

表3-18 部分股票投资者的用户画像结果

标签	用户	1	2	3	4	5	6	7	8	9	10
投资能力	盈利能力	0.375	0.291	0.146	0.275	0.112	-0.064	0.093	0.248	0.203	0.327
	选择能力	0.848	0.742	0.549	0.728	0.463	0.142	0.301	0.699	0.613	0.794
	投资年限	11	8	4	7	15	2	5	6	9	10
	总体决策能力	0.856	0.765	0.570	0.741	0.491	0.189	0.333	0.734	0.645	0.823
	风险控制能力	0.897	0.681	0.634	0.531	0.460	0.276	0.309	0.659	0.671	0.687
	流动性控制能力	0.785	0.812	0.499	0.873	0.479	0.114	0.412	0.771	0.630	0.912
	婚姻状况	1	1	0	1	1	0	1	0	2	1
行为特征	交易特性	0.534	0.436	0.241	0.673	0.311	0.009	0.270	0.522	0.399	0.521
	操作频率	0.352	0.394	0.187	0.488	0.161	0.047	0.143	0.345	0.301	0.553
	持股集中度	0.644	0.691	0.723	0.789	0.812	0.881	0.856	0.702	0.699	0.669
	持股变动频率	0.356	0.309	0.277	0.211	0.188	0.119	0.144	0.298	0.301	0.331
行业偏好	品种选择	医疗	电力	教育	国防	制造	能源	传媒	IT	生物	制造
	个股选择	002432	600795	002607	399973	002594	300750	600825	00700	300601	600031
	所在行业	医疗	教育	教育	制造	制造	电力	传媒	IT	医疗	教育
	新兴行业	创新药	无	远程教育	无	数字制造	无	直播	IT服务II	新冠	无
地域偏好	所在地区	200000	471000	710000	518000	130000	215300	510000	610000	450000	100000
	交易地区	200000	471000	710000	518000	130000	215300	510000	610000	450000	100000
	籍贯	150000	471000	550000	310000	277100	100000	476000	010000	730000	100000
	区域经济水平	发达	一般	较发达	发达	较发达	一般	发达	较发达	较发达	发达
风险偏好	交易时机	活跃期	活跃期	回落期	回升期	回落期	回升期	回落期	活跃期	活跃期	活跃期
	换手率	频繁	频繁	正常	正常	不频繁	不频繁	不频繁	频繁	频繁	频繁
	投资组合	多样	多样	多样	单一	单一	单一	单一	多样	多样	多样
	仓位状况	轻仓	半仓	半仓	半仓	重仓	满仓	重仓	半仓	半仓	半仓

注：在"婚姻状况"一栏中，0表示未婚，1表示已婚，2表示离异；在"个股选择"一栏显示的是历史交易次数最多的股票代码；在"地域偏好"一栏显示的是邮编。

资料来源：本书整理。

第四章　基于关联规则的行业推荐和股票推荐模型构建

本章研究的基于关联规则的行业推荐和股票推荐模型分别挖掘股票行业的关联规则以及股票财务指标的关联规则。在数据采集并预处理之后，采用 Apriori 算法分析股票行业和股票财务指标中不同特征之间的影响力，从而筛选出有效的关联规则；关联规则生成以后，通过实际算例分析来分别计算出股票行业以及个股推荐的效果。

第一节　引言

近年来，中国股票市场呈现出蓬勃发展的状态，成熟股市的投资者对组合资产配置有着相对成熟的认识。机构投资者和个人投资者通过不停地挖掘分析市场规则，寻找能够产生超额回报的投资机会。经研究股市的构成，投资者寻找股市的运作逻辑，从而创造一些新的投资策略，形成一些新的投融资理念。其中，许多投资者赞成基于行业参与度的投资策略（Cheng et al.，2021）。行业联系表明，随着股市在行业之间不断转变，股票交易投资网站也会在不同行业之间轮转。随着上市公司越来越多，涉及的行业越来越多，不一样的市场水准也在影响投资者的想法。投资者的意识也在随着市场变化，这导致市场资金不断流向不同的行业，使投资重点不断变化，不同的行业随着股市的涨跌而相继出现交替波动的状态。行业参与日益成为中国股市运行的基本规则之一，而股市在管理投资者投资行为方面起着不可忽视的作用。股票市场行业互联互通不仅可以引导普通投资者预测市场上不同行业的未来表现，而且可以帮助机构投资者更有效地制定从行业到个股的"自上而下"的投资策略（Argiddi & Patel，2017）。

关于个人股票的选择，股票市场每天都会产生大量与股票相关的信息，包括最新的宏观经济信息、行业新闻和股票相关政策发展。每只股票都会产生大量相关数据。上市公司的财务报表即股票发行者的财务报表，具体内容涉及资产、债务、利益分配、每股收益等，也是价值投资者所关注的重点。每天有不少股票的动向和信息，还有各种财务指标，这些都是短线投资者的重要技术指标（Yue & Shi，2017）。股票分析是对大量股票信息的研究分析。在研究过程中，根据现有信息可以确定股票的实际比较合理的价值，并将其与当前市场上的股价进行比较，以确定股票是否具有投资价值。股票市场研究可归纳为股票市场信息的获取、管理与研究，是实际股票交易的一个十分关键的内容。这些信息是公平的，无论是普通投资人还是机构投资者，每个人在使用信息上基本上都是公平的，投资实力的水准主要体现在数据分析的水平上。但是，股票数据的海量数据本身并没有说明问题，隐藏的规则需要投资者进行自我调查。对此，数据挖掘可以发挥作用。可以看出，股票市场已经提供了数据挖掘所需的大量隐藏数据，并且已经成为数据挖掘的基础。换句话说，数据挖掘在股票分析中是切实可行的（Omar et al.，2020）。

为了解决普通投资者在日常投资中如何通过过往数据选择股票的问题，本章通过 Apriori 在股票分析中的应用进行研究。基于关联规则的股票个性化推荐流程如图4-1所示。

依据专业选股的投入方法，从大量的个股中挑选某一个成长潜质很大的公司股票很难，然而，由于企业种类很容易，所以选择企业的权重系数也相应较容易。产业内部的消息传导和价格波动转移、生产线的上行和下行阶段、竞争者的逐步替代以及投资者预期和行为的影响等因素，往往都与产业内部有着必然的联系。因此，不管如何选择，个股都很有机会盈利（Fayyad，2016）。行业联动分析是基于历史成交数据分析的量化投资策略分析方法，为投资者在资产选择与产业配置的选择上，提供了全新的思考方向（Tsaih，2015）。通过对股票市场中行业之间的关联分析，对股票行业关联规则结果进行分析，寻找出具有强关联关系的行业，为选择行业投资提供参考，并对股票行业联动原因进行分析，结合用户画像进行行业推荐（Utthammajai & Leesutthipornchai，2015）。

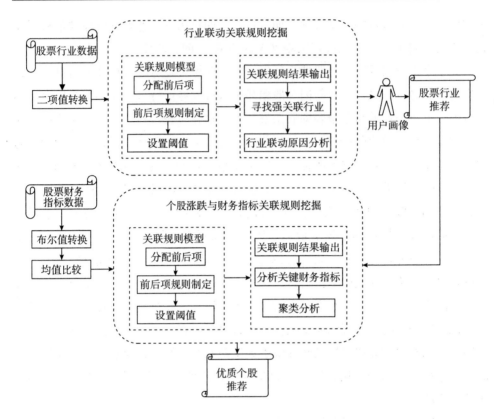

图4-1　基于关联规则的股票个性化推荐流程

资料来源：本书整理。

通过对股价的财务指标进行相关规律解析，在发现个股升跌和财务指标之间的关系规律，并发现具有重要参考价值或者影响对股票价格走势有意义的重要指数后，把有限的精力放到对重要指数的规律解析中，并通过财务指标选出了上升概率较大的股（Golan & Ziarko，2015）。对长期投资机会较大的股票的判断，可通过聚类分析加以实现。通过聚类分析对股价加以特征分析，以便找出上涨可能性较大的优秀股，有效地避免进入存在很大不确定性的股市中（Ma et al.，2020）。

第二节　基于关联规则的行业推荐和股票智能推荐模型

一、基于 Apriori 的股票推荐建模

分析关联规则的主要目的在于通过分析信息来揭示要素间的相互作用以及要素间的关联。Apriori 算法是产生关联规则的一种常见且有影响力的算法。Apriori 算法的主要任务是在从事务集中寻找最常用的元素集。此选项通过最大的频繁项集和所预定义的最小信任阈值，来建立最强关联规则（Duan et al., 2013）。

- **Apriori 算法的属性频繁项集合的所有非空子集合都必须为最频繁项集合。**
- **实现的两个过程（Apriori 算法）。**

（1）寻找每个支撑度都超过或低于所设置的最小支持度阈值的最高频项。

在此步骤中，将连接步骤与剪枝步骤相结合，以达到最大的频繁项集 L_k。

连接步骤：连接步骤的主要目的在于寻找 K 项集合。按照给定的最小支持度阈值点，先删除低于此阈值点的候选项集合 C_1，并获得频繁项集合 L_1；再利用连接 L_1 本身的两个候选集 C_2，并保留 C_2 中符合约束条件的项集，得到两项最频繁的项目 L_2；根据上述步骤进行循环，直至取得最大的频繁项集 L_k。

剪枝步骤：其紧接连接步骤，可达到缩短搜索距离的目的（产生候选集 C_k 的过程中）。C_k 是由 L_{k-1} 和 L_1 连接而形成的，基于此，频繁项集合中的所有非空子集也应该属于频繁项集合，所以通常不符合这个特点的频繁项集合都不会出现在 C_k 中，这也就是剪枝步骤方法。

（2）由频繁项集产生强关联规则。

实验中，不满足已设定的最小支持度阈值的项集都已被去除，而假设剩余的这些项集都达到了设定的最小置信度阈值，那本书便挖掘出了一个强关联规则。

Apriori 的具体算法过程见图 4-2。

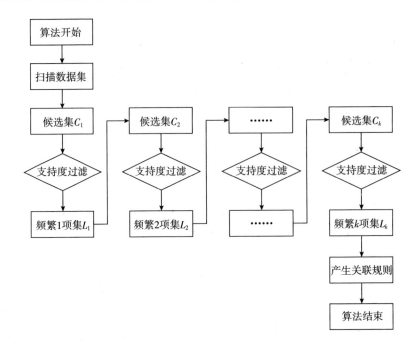

图 4-2　Apriori 算法过程

资料来源：本书整理。

二、改进 Apriori 算法

经过以上关于 Apriori 方法的研究以及大量实践，本书可以得出结论，Apriuri 算法的过程可能需要相当漫长。Scan 函数是检测候选集、统计支持度和进行频繁项集的函数。造成该函数要耗费很长时间的原因，大致包括以下两个：第一，存在多余的候选集合。在从 $k-1$ 的频繁项集合创建 k 个候选集合的过程中，大量无效的候选集会造成了使用长时间的冗余扫描动作。第二，多余的扫描步骤。在分析事务集、算法支持度以及获得频繁项集合的过程中，算法的循环次数和候选集的数量直接相关，如果候选集数量很多，那么效率就会很低。在这项工作中，本书针对 Apriori 上面的两个缺陷，提出了一种新的 Apriori 算法——LZ - Arpriori（见表 4-1）。

事务集 D 中的平均事件项个数为 N，事件项中的平均元素个数为 m，事务频繁项集数量则为 L_1。分析如下：

①求每个事务项和频繁项集的并集 F_i 的时间复杂度 $O（m）$。

表 4-1　LZ-Apriori 算法

	算法步骤
（1）	输入：事务集 D，一项频繁项集 L_1，最小支持度 minSupport
（2）	获取到的一项频繁项集 L_1 与每一个事务集 itemi 进行并集操作，排除掉各个事务集中的非频繁元素，获得 F_i
（3）	由 F_i 获得其所有的两项子集 subi
（4）	由 subi 生成两项候选集 C_2，并将其作为 key 存入一个 hash 表中
（5）	如果该 key 值已经存入 hash 表中，则直接将该 key 对应的 value 值加 1
（6）	如果该 key 值在 hash 表中不存在，则直接将 key 存入 hash 表，并将其对应的 value 值设置为 1
（7）	遍历 hash 表，将 key 值还原成两项候选集 C_2，key 值对应的 value 为两项候选集 C_2

资料来源：本书整理。

②求 F_i 的二元子集的时间复杂度 $O\left(C_m^2\right)$。

③在 hash 中存储 key 值并将 key 值 value1 的过程的时间复杂度定为 $O(1)$。

根据步骤①、步骤②和步骤③，在获得候选集 C_2 后，在支持度计算过程中，LZ-Apriori 时间复杂度为：

$$O\left[\left(\frac{m\times(m-1)}{2}+m\right)\times N\right] \tag{4-1}$$

扫描上述步骤后所得的候选集——最大支持度 hash 表 supK，以及确定各候选集的最大支持度，是否超过最小支持度的时间复杂度：

$$O\left[\left(\frac{m\times(m-1)}{2}\right)\times N\right] \tag{4-2}$$

由式（4-1）、式（4-2）可知，LZ-Apriori 在形成两项频繁项集的步骤中的时间复杂度为：

$$O(m^2\times N) \tag{4-3}$$

与之对比，可以分析 Apriori 算法在生成两项频繁项集的时间复杂度。在获取两项候选集 C_2 的过程中，时间复杂度为：

$$O\left(\frac{L_1\times(L_1-1)}{2}\right) \tag{4-4}$$

扫描事务集，计算支持度，筛选频繁项集的时间复杂度：

$$O\left(\frac{L_1\times(L_1-1)}{2}\times N\times m\right) \tag{4-5}$$

由式（4-4）、式（4-5）可知，Apriori 在生成两项频繁项集的过程中的时间复杂度为：

$$O(L_1^2 \times m \times N) \tag{4-6}$$

基于 LZ-Apriori 算法和 Apriori 算法的时间复杂度研究，生成两项频繁项集，LZ-A-Apriori 算法与 Apriori 算法相比，理论上可以实现 L_1^2/m 的加速效果。

当生成两项频繁项集时，Apriori 算法的时间复杂度与 L_1^2 有着重要的关联，一旦频繁项集 L_1 的数量过多，算法的计算效果就会很低。在现实中，人们经常能够发现一些项目的事件集的数量大大超过了事件项中的平均值元素数。

三、股票行业与股票指标关联规则计算

关联规则的目的在于寻求不同属性间的相互影响力。假设把 X 和 Y 比作两个特征项，X 和 Y 为不交叉的特征项集。X 为前项，Y 为后项。关联规则的主要目的在于衡量 X 和 Y 之间的影响。关联规则根据支持度与置信度而做出对其影响高低的判断。支持度是指判断 X 和 Y 两种特性共同出现的可能性，而置信度估计则是指 X 特性出现后，Y 特性再出现的可能性。这两种方法都用于衡量 X 与 Y 之间的影响力（姚海洋等，2021）。计算提升度的目的在于降低支持性和置信度之间存在的误导率（Yang et al.，2020）。它能衡量两组数据项集之间的积极影响或消极影响。提升度表达了两个特征元素 X 和 Y 间的关联：如果提升度等于 1，说明两个特征元素间具有的关系规律；如果提升度低于 1，则说明二者具有无效的关联关系；而如果置信率等于 1，则说明 X 和 Y 彼此独立。

X 和 Y 对应的支持度为：

$$Sup(X,\ Y) = P(XY) = \frac{num(XY)}{ALL} \tag{4-7}$$

其中，$P(XY)$ 为项集 X、Y 同时发生的概率，$num(XY)$ 为 X 项与 Y 项同时发生的次数，ALL 为所有项的次数。

X 对 Y 的置信度为：

$$Con(X,\ Y) = P(X \mid Y) = \frac{P(XY)}{P(Y)} \tag{4-8}$$

其中，$P(X \mid Y)$ 为项集 Y 发生、项集 X 也发生的概率，$P(XY)$ 为项集 X、Y 同时发生的概率，$P(Y)$ 为仅项集 Y 发生的概率。

X 对 Y 的提升度为：

$$Lift(X, Y) = \frac{P(X \mid Y)}{P(X)} \tag{4-9}$$

其中，$P(X \mid Y)$ 为项集 Y 发生与项集 X 发生的概率，$P(X)$ 为项集 X 发生的概率。

在进行股票行业间的关联规则计算时，将股票行业涨跌数据均匀分至前项 X 与后项 Y；且在定制前后项计算规则中，前项 X 中定制规则为"or"，后项 Y 中定制规则为"or"，前项 X 与后项 Y 的定制规则为"or"，保证能够计算出完整的股票行业间的关联规则。

在进行股票指标的关联规则计算时，将财务指标数据分至前项 X 中，后项 Y 设置为年涨跌幅度。在定制前后项计算规则中，前项 X 中定制规则为"or"，后项 Y 中定制规则为"and"，前项 X 与后项 Y 的定制规则为"and"，保证能够反映出个股年涨跌与各项财务指标间的关联规则，最后挑选出重要指标。

第三节 数据准备与预处理

一、数据准备

1. 股票行业指数数据

股票价格指数，是表示股票市场总价格高低变化情况的指标，即选择一只最富有特色的股票，进行加权平均数，并做出相应的调整计算。行业指数，是指基于一些特性（如行业、概念、地区）而实际组合的一组股票。行业指标运用指数分析，按权重为一个行业的每个股份建立相应指标，它是各行各业股票价格变动的集合，是每个行业走势的总体表现。由于行业指标体现了各行各业的总体表现，因此它是高度真实的（Li et al., 2021）。所谓"产业联动"，是指某一主类或某一概念的股票在某一时间的涨跌，本书为了研究行业间的联动关系，采用行业指数进行分析。

数据是数据挖掘的基石。明确了要研究的信息范围及其挖掘对象之后，其发掘成功的最关键因素就是找到了良好的数据源。由于股票业务信息主要从交易所产生，数据分布范围很广，且都是真实的信息，对真实有效信息的收集也相对简单，因此本书中使用的都是简单抽样的方法。本章所涉及的数据取自"同花顺"软件。

iFind 金融数据终端是同花顺旗下的一款软件，为金融机构用户提供分析与决策支持。本书的研究内容涵盖了各种宏观经济类别的多维数据，几个主要宏观经济部门信息、财富管理、评估模型以及其他方法。机构投资者则包括券商、管理企业、银行、期货、投资顾问、记者、大学、董事会和上市公司。同花顺 iFind 公司以中国金融股票为核心，建立了目前国内设备最齐全、技术最精密的世界一流大型金融工程和金融数据仓库，其对历史数据更新较为及时，从而对所有历史数据的来源都具有相当的可靠性。行情指数获取界面如图 4-3 所示。

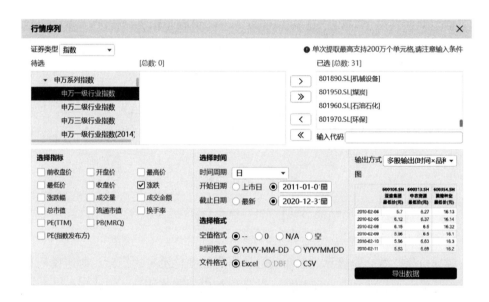

图 4-3 同花顺 iFind 软件获取数据界面

资料来源：https：//www.51ifind.com/.

为分析中国股票产业价格指数波动的中长期关系，本书主要采用 2011 年 1 月 1 日至 2020 年 12 月 31 日的中国股票市场各产业涨跌幅数据，而样本选择以上近十年时间的原因主要是考虑持续时间的跨度，在一定的历史区域内，持续时间越长实证结论越有价值、越可靠。

本书收集了 2675 条收盘数据记录，并分析了 82925 个观察结果。31 个行业指数分别为农业、林业、畜牧业和渔业、食品饮料业、银行业、基础化工、电子业、家电业、石油和石化行业、轻工制造业、国防军工业、纺织服装业、有色金属业、环保行业、非金融业、医药生物业、公用事业、交通运输业、媒体业、房地产业、商业和商店业、社会服务业、成套工业、制造材料业、装饰业、电气设备业、计算机业、通信业、汽车行业、机械行业、美容行业。事实上，它们涵盖了所有当前股市客户的历史业务信息，并为数据挖掘模型提供了完整的数据样本。一些数据如表4-2所示。

表4-2 股票行业指数涨跌部分数据

时间 \ 行业	农林牧渔	基础化工	钢铁	有色金属	电子	家用电器	食品饮料	纺织服饰	……	美容护理
2011-1-4	49.07	33.45	76.46	130.43	32.10	11.50	30.76	37.96	……	27.78
2011-1-5	-14.57	6.22	-20.38	-114.2	-7.98	-16.76	-110.6	8.08	……	3.79
2011-1-6	-26.04	-4.30	4.52	2.29	-14.51	13.33	-58.60	-5.14	……	-17.19
2011-1-7	-19.75	-19.21	3.84	-128.8	-6.84	-22.17	1.15	-1.94	……	-3.57
2011-1-10	-55.78	-53.75	-35.47	-104.6	-64.98	-43.50	-156.9	-57.04	……	-46.70
2011-1-11	-29.34	-10.67	13.37	5.45	-24.01	0.64	-0.71	-22.41	……	11.74
2011-1-12	24.09	18.93	48.75	-12.48	6.15	8.97	-13.86	15.60	……	39.17
2011-1-13	-3.78	9.32	-12.74	-40.09	2.82	9.79	109.47	-2.93	……	23.27
2011-1-14	-49.08	-45.72	-46.54	-219.7	-55.86	-14.82	-26.79	-26.79	……	-28.44
2011-1-17	-118.8	-100.6	-85.01	-118.9	-89.11	-111.5	-175.9	-83.85	……	-40.31
……	……	……	……	……	……	……	……	……	……	……
2020-12-20	-7.15	-101.5	-41.51	-144.1	-124.2	-4.04	45.28	-6.71	……	-141.8
2020-12-21	28.39	31.2	36.85	18.27	65.33	167.17	-141.2	48.95	……	113.74
2020-12-22	65.62	45.46	-27.86	3.54	115.96	6.24	80.25	-7.02	……	10.72
2020-12-23	86.72	-1.17	-4.59	21.64	25.45	-20.7	542.78	-19.19	……	-78.76
2020-12-24	55.39	-121.9	-87.74	-200.7	-32.34	-57.64	501.38	-29.15	……	-30.43
2020-12-27	-2.88	30.66	-11.11	-24.7	-23.31	154.91	-316.5	9.02	……	-33.51
2020-12-28	-22.17	76.49	31.59	138.76	15.63	220.68	90.01	9.82	……	17
2020-12-29	-60.4	18.54	8.12	-23.41	-65.73	-130.9	-1155	-2.09	……	-57.47
2020-12-30	22.86	-13.74	11.54	13.82	110.75	26.85	260	13.06	……	42.25
2020-12-31	64.25	42.51	30.84	73.49	-8.04	17.92	-197.1	20.52	……	-16.37

资料来源：https://www.51ifind.com/.

2. 股票指标数据

目前，我国已经形成了多层次的商业市场（Zuo et al.，2020）。主要交易场所为上海证券交易所（以下简称上交所）和深圳证券交易所（以下简称深交所）。在上交所挂牌的企业一般为较大企业，但一般都叫作主板市场，中小企业和初创企业可以在其中挂牌交易。截至收集数据时，A 股市场目前上市的股票共有 4816 只。

描述股票质量的财务指标可分为六类：营运能力、盈利能力、收益质量、现金流量、偿债能力、成长性。

根据相关文献，六大类指标所包含的主要指标有 34 个。分别如表 4-3 至表 4-8 所示（Xi & An, 2018）。

表 4-3　营运能力

财务指标	计算公式
存货周转率	营业成本/[（期初存货净额+期末存货净额)/2]
应收账款周转率	营业收入/[（期初应收账款净额+期末应收账款净额)/2]
流动资产周转率	营业总收入/[（期初流动资产+期末流动资产)/2]
固定资产周转率	营业总收入/[（期初固定资产+期末固定资产)/2]
总资产周转率	总资产周转率=营业总收入/[（期初资产总额+期末资产总额)/2]
营运资金周转率	营运资金周转率=营业收入×2/（期末营运资金+期初营运资金)
净资产周转率	净资产周转率=营业总收入×2/（期初净资产+期末净资产)×资产净值（净资产）=资产总计-负债合计

表 4-4　盈利能力

财务指标	计算公式
净资产收益率	归属母公司股东的净利润/期末归属母公司股东的权益×100%
扣除非经常性损益的 ROE	扣除非经常损益后归属母公司股东的净利润/期末归属母公司股东的权益
总资产报酬率 ROA	息税前利润×2/（期初总资产+期末总资产)
总资产净利率 ROA	净利润×2/（期初总资产+期末总资产)
投入资本回报率 ROIC	归属于母公司股东的净利润×2/（期初全部投入资本+期末全部投入资本)全部投入资本=股东权益（不含少数股东权益）+负债合计-无息流动负债-无息长期负债
销售毛利率	（营业收入-营业成本)/营业收入
销售净利率	销售净利率=净利润/营业收入×100%
销售期间费用率	（营业费用+管理费用+财务费用)/营业收入

续表

财务指标	计算公式
成本费用利润率	成本费用利润率=利润总额/成本费用总额×100%
息税前利润/营业总收入	息税前利润/营业总收入
营业总成本/营业总收入	营业总成本/营业总收入

表4-5　收益质量

财务指标	计算公式
经营活动净收益/利润总额	(营业总收入-营业总成本)/利润总额
营业外收支净额/利润总额	(营业外收入-营业外支出)/利润总额
价值变动净收益/利润总额	价值变动净收益/利润总额=(公允价值变动净收益+投资净收益+汇兑净收益)/利润总额×100%
扣除非经常损益后的净利润/净利润	扣除非经常损益后的净利润/净利润(不含少数股东损益)

表4-6　现金流量

财务指标	计算公式
销售商品提供劳务收到的现金/营业收入	销售商品提供劳务收到的现金/营业收入
经营活动产生的现金流量净额/营业收入	经营活动产生的现金流量净额/营业收入
现金营运指数	现金营运指数=(净利润+资产减值准备+固定资产折旧、油气资产折耗、生产性生物资产折旧-存货的减少的相反数-经营性应收项目的减少的相反数-经营性应付项目的增加的相反数)/(净利润+资产减值准备+固定资产折旧、油气资产折耗、生产性生物资产折旧)
全部资产现金回报率	全部资产现金回收率=经营活动产生的现金流量净额/资产总计×100%

表4-7　偿债能力

财务指标	计算公式
归属母公司股东的权益/负债合计	归属于母公司的股东权益/负债合计
流动比率	流动比率=流动资产/流动负债
速动比率	速动比率=(流动资产-存货-预付款项——一年内到期的非流动资产-其他流动资产)/流动负债
长期债务与营运资金比率	长期债务与营运资金比率=非流动负债合计/营运资金
经营活动产生的现金流量净额/负债合计	经营活动产生的现金流量净额/负债合计

表 4-8 成长性

财务指标	计算公式
营业总收入同比增长率	(本期营业总收入/去年同期营业总收入)-1
归属母公司股东的净利润-扣除非经常损益(同比增长率)	归属母公司股东的净利润-非经常损益(本期)/归属母公司股东的净利润-非经常损益(去年同期)
净资产收益率(摊薄同比增长率)	本期净资产收益率(摊薄)/同比净资产收益率(摊薄)

选取这六大类 34 个指标来对股票进行关联规则分析来确定所需要的数据，采用 iFind 金融数据终端获取 2020 年 A 股市场全部股票数据。其主要界面如图 4-4 所示。

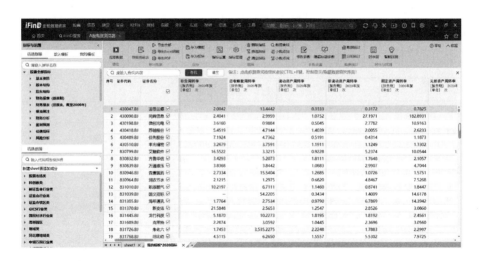

图 4-4 iFind 金融数据终端 A 股数据浏览器

资料来源：https：//www.51ifind.com/.

二、数据预处理

1. 股票行业指数数据预处理

因为公司所宣布的重要新闻、企业股改、重大节假日的影响，以及公司召开特别股东大会等，在 iFind 数据库上调取的信息可能出现遗漏。通常，对信息缺失的解决方法大致有两类：一类是删除法（Diesburg & Wang，2010）。但是，这会给实验研究带来更大的冲击。另一类是内插，主要包括平均内插、回归插补以及极大似然函数估计。本书主要讨论的是企业行为数据，当行业的某一家企业存在信息缺失情况时，对于该行为的影响通常是可忽略不计的，所以给出的信息缺失值一般较小。因此，在算法进行过程中本书主要采用了删除法，清除缺失的信息。

本书先对所收集到的 2764 条数据做了相应的预处理，再通过关联规则进行数据挖掘。按照 Apriori 算法（Cheng et al., 2021）的要求，需要将这些数值转换为 0-1 布尔数据，按照交易日各股票行业数据的涨跌状况，把相关的每天收盘信息换算成两项数据：将日涨跌数据为正的标记为"1"，代表上涨；将日涨跌数据为负的标记为"0"，代表下跌。处理过后的数据如表 4-9 所示。

表 4-9　处理后股票行业指数涨跌

时间＼行业	农林牧渔	基础化工	钢铁	有色金属	电子	家用电器	食品饮料	纺织服饰	……	美容护理
2011-1-4	1	1	1	1	1	1	1	1	……	1
2011-1-5	0	1	0	0	0	0	0	1	……	1
2011-1-6	0	0	1	1	0	1	0	0	……	0
2011-1-7	0	0	1	0	0	0	1	0	……	0
2011-1-10	0	0	0	0	0	0	0	0	……	0
2011-1-11	0	0	1	1	0	1	0	0	……	1
2011-1-12	1	1	1	0	1	0	0	0	……	0
2011-1-13	0	1	0	0	1	1	1	0	……	1
2011-1-14	0	0	0	0	0	0	0	0	……	0
2011-1-17	0	0	0	0	0	0	0	0	……	0
……	……	……	……	……	……	……	……	……	……	……
2020-12-20	0	0	0	0	0	0	1	0	……	0
2020-12-21	1	1	1	1	1	1	0	1	……	1
2020-12-22	1	1	0	1	1	1	1	0	……	1
2020-12-23	1	1	0	1	1	1	1	0	……	0
2020-12-24	1	1	0	0	0	0	1	0	……	0
2020-12-27	0	1	1	1	1	1	1	1	……	1
2020-12-28	0	1	1	1	1	1	1	1	……	1
2010-12-29	0	1	0	0	0	0	0	0	……	0
2020-12-30	1	0	1	1	1	1	1	0	……	1
2020-12-31	1	1	1	0	1	1	1	0	……	1

资料来源：本书整理。

2. 股票指数数据预处理

iFind 软件所获取的所有信息均是原始数据，不能进行统计分析且分析结论也不符合应用方法。并且，因为干扰股票市场的原因众多，其中原始数据包括不完全信息、噪声数据、重复信息等，所以不能对原始数据进行大数据分析和应用，必须对原始数据进行相应的加工预处理。其过程如下：

（1）去除股票数据缺失的股票。

（2）删除处理过的股票，即库存名称前带有 st 和 *st 字样的股票。

（3）从股票名称中删除带有 s 的股票，因为这些股票是未改股股票。

（4）删除新增股票，因为有股票数据比较少，没有价值。

经过以上对原始股票数据的处理，去除所有不合格的股票数据，最终获得 3543 只股票进行分析研究，一些股票的数据如表 4-10 所示。

表 4-10　剔除缺失值后的股票数据

股票名称	年涨跌幅	存货周转率	应收账款周转率	流动资产周转率	固定资产周转率	总资产周转率	营运资金周转率	……	净资产收益率
同辉信息	173.4899	3.1941	3.1922	1.2003	105.339	1.1441	2.0670	……	−29.548
微创光电	−42.4769	3.0355	0.7469	0.3155	9.0896	0.2591	0.3609	……	−31.931
苏轴股份	47.8743	4.6125	5.2956	1.4836	3.0575	0.8502	1.9712	……	−8.6288
艾融软件	−32.3913	12.6486	3.7470	0.9669	7.7398	0.7554	1.6711	……	12.2731
万通液压	−23.9269	2.9427	3.9909	0.9511	4.9843	0.6695	1.2737	……	−32.565
森萱医药	259.1837	2.4198	19.9338	0.8745	1.3948	0.4883	1.0641	……	−14.183
润农节水	46.0227	1.8119	1.3381	0.6653	8.8676	0.5924	0.8187	……	−1.4100
凯添燃气	77.9944	24.0568	7.5307	1.2080	1.9538	0.4450	2.0120	……	12.9854
海希通讯	−15.5655	1.4207	2.1025	0.5055	14.9779	0.4717	0.5325	……	−56.150
新安洁	−8.2734	18.3316	1.6938	0.8887	2.6044	0.6131	1.0950	……	−56.790
……	……	……	……	……	……	……	……	……	……
泽宇智能	−5.2335	0.9174	16.4927	0.3922	32.5927	0.3774	0.6000	……	−71.377
万祥科技	−21.0019	5.6479	3.0062	1.4454	3.3727	0.8968	3.3262	……	−30.484
凯旺科技	−26.2309	4.2166	3.8763	0.8748	3.2589	0.6421	1.4179	……	−53.496
超达装备	−26.6121	1.3238	2.5663	0.5391	2.3611	0.4029	0.7226	……	−59.792
力诺特玻	−9.2920	6.0785	6.9811	1.3527	2.6989	0.7830	1.8123	……	−44.311
奥尼电子	3.1449	3.4281	6.3122	0.6411	18.0191	0.5594	0.8320	……	−90.110

续表

股票名称	年涨跌幅	存货周转率	应收账款周转率	流动资产周转率	固定资产周转率	总资产周转率	营运资金周转率	……	净资产收益率
善水科技	-19.3807	4.9768	113.1690	0.4387	4.8846	0.3926	0.5052	……	-70.658
喜悦智行	-35.7686	3.8975	2.2975	0.7123	3.0852	0.4977	0.8632	……	-58.875
亨迪药业	0.7771	3.1874	4.9571	0.3957	4.0604	0.3451	0.4272	……	-77.193
光庭信息	8.4640	13.2173	3.3211	0.3994	5.4328	0.3210	0.4421	……	-77.539

资料来源：本书整理。

根据表4-10部分股票信息显示，一些股票数据是数字数据，其大小因指标而异。如果直接对数据进行计算，压力比较大，计算结果也容易出现错误。所以，有必要继续对已经预处理的股票数据做更高一维度的研究分析。

Apriori算法也应用于布尔值的分类。为了把数据转换成更合适的数据形式，需要寻找高概率事件。先统计各个指数的平均数，然后把各种股票的数量和各指数的相对平均数加以对比。将超过指标平均值的数据转化为A，表明数据超过平均值；将不高于指标平均值的数据转化为B，表明该值小于指标平均数，属于较低类别。对于年度增减，增加值设置为1，减少值设置为0。利用该方法，库存信息由文字数据转化为字母数字信息，以便在分析库存指标时，不会因每个指标的库存数据数量级差异而导致分析出现偏差。数据预处理后的部分数据如表4-11所示。

表4-11　转换后的股票指标数据

股票名称	年涨跌幅	存货周转率	应收账款周转率	流动资产周转率	固定资产周转率	总资产周转率	营运资金周转率		净资产收益率
同辉信息	1	B	B	B	A	A	A	……	B
微创光电	0	B	B	B	B	B	A	……	B
苏轴股份	1	B	B	A	B	B	A	……	B
艾融软件	0	B	B	B	B	A	A	……	B
万通液压	0	B	B	B	B	B	A	……	B
森萱医药	1	B	B	B	B	B	A	……	B
润农节水	1	B	B	B	B	B	A	……	B
凯添燃气	1	B	B	B	B	B	A	……	B

股票名称	年涨跌幅	存货周转率	应收账款周转率	流动资产周转率	固定资产周转率	总资产周转率	营运资金周转率	……	净资产收益率
海希通讯	0	B	B	B	B	B	A	……	B
新安洁	0	B	B	B	B	B	A	……	B
……	……	……	……	……	……	……	……	……	……
泽宇智能	0	B	B	B	A	B	A	……	B
万祥科技	0	B	B	A	B	A	A	……	B
凯旺科技	0	B	B	B	B	B	A	……	B
超达装备	0	B	B	B	B	B	A	……	B
力诺特玻	0	B	B	A	B	A	A	……	B
奥尼电子	1	B	B	B	B	B	A	……	B
善水科技	0	B	A	B	B	B	A	……	B
喜悦智行	0	B	B	B	B	B	A	……	B
亨迪药业	1	B	B	B	B	B	A	……	B
光庭信息	1	B	B	B	B	B	A	……	B

资料来源：本书整理。

第四节 股票行业关联规则挖掘与推荐

一、股票行业关联规则生成

31 个股票行业分别为农林牧渔行业、食品饮料行业、基础化工行业、银行行业、电子行业、石油和石化行业、轻工制造行业、家用电器行业、国防军工行业、社会服务行业、纺织服饰行业、有色金属行业、环保行业、公用事业行业、非金融行业、医药生物行业、电力设备行业、交通运输行业、传媒行业、房地产行业、商贸零售行业、建装饰行业、建筑材料业、通信行业、汽车行业、计算机业、机械设备行业、美容护理行业、钢铁行业、煤炭行业、综合行业。

将 31 个股票行业指数平均分配至前项及后项中。其中前项 X 共有为公用事业行业、钢铁行业、农林牧渔行业、食品饮料行业、建筑材料行业、房地产行业、电子行业、电力设备行业、计算机行业、社会服务行业、非金融行业、通信行业、轻工制造行业、机械设备行业、石油石化行业、美容护理行业 16 个行业。后项 Y 共有为基础化工行业、医药生物行业、国防军工行业、家用电器行业、银行行业、商贸零售行业、有色金属行业、综合行业、交通运输行业、纺织服饰行业、建筑装饰行业、汽车行业、传媒行业、煤炭行业、环保行业 15 个股票行业。

基于关联法则而产生的规则较多，所以必须先以最高支持程度与置信率筛选出规则，才能发现最有意义的规律。可以先按支持度和信誉率对规则进行排列。将支持程度和信誉度较高的对规则排序靠前，然后再分析排序靠前的情况较好规则。提升度的值越大，前部和后部之间的相关性越大。如果提升度为 0，则前一个元素和后一个元素之间没有相关性。杠杆率也表示前后项之间的相关性，当杠杆率为 0 时，表示前后项相互独立；当杠杆率越大时，表示相关性越高。

通过不断实验可知，当最小支持度阈值设为 0.4、最小置信度阈值设为 0.9 时，可以从结果中找到许多有意义的强关联规则。通过筛选共得到 189 条结果，其中按照置信度由高到低排序结果如表 4-12 所示。

表 4-12 189 条关联规则结果

前项	后项	置信度	支持度	提升度	杠杆率
综合 = 1，轻工制造 = 1，机械设备 = 1	基础化工 = 1	0.9705	0.4033	1.7782	0.1765
综合 = 1，纺织服饰 = 1，基础化工 = 1	轻工制造 = 1	0.9660	0.4014	1.7688	0.1745
电力设备 = 1，轻工制造 = 1，机械设备 = 1	基础化工 = 1	0.9641	0.4096	1.7665	0.1777
电力设备 = 1，纺织服饰 = 1，轻工制造 = 1	基础化工 = 1	0.9616	0.4010	1.7620	0.1734
石油石化 = 1，轻工制造 = 1	基础化工 = 1	0.9613	0.4063	1.7613	0.1756
电力设备 = 1，纺织服饰 = 1，基础化工 = 1	轻工制造 = 1	0.9599	0.4010	1.7577	0.1729
纺织服饰 = 1，电子 = 1，机械设备 = 1	基础化工 = 1	0.9595	0.4051	1.7580	0.1747

前项	后项	置信度	支持度	提升度	杠杆率
纺织服饰＝1，基础化工＝1，机械设备＝1	轻工制造＝1	0.9586	0.4051	1.7553	0.1743
电力设备＝1，轻工制造＝1，基础化工＝1	机械设备＝1	0.9549	0.4096	1.8153	0.1840
综合＝1，基础化工＝1，机械设备＝1	轻工制造＝1	0.9534	0.4033	1.7457	0.1723
综合＝1，纺织服饰＝1，轻工制造＝1	基础化工＝1	0.9507	0.4014	1.7419	0.1710
电子＝1，机械设备＝1	基础化工＝1	0.9471	0.4196	1.7354	0.1778
电力设备＝1，纺织服饰＝1，机械设备＝1	轻工制造＝1	0.9467	0.4096	1.7334	0.1733
轻工制造＝1，机械设备＝1	基础化工＝1	0.9460	0.4368	1.7334	0.1848
纺织服饰＝1，建筑材料＝1	轻工制造＝1	0.9432	0.4014	1.7270	0.1690
电力设备＝1，纺织服饰＝1	基础化工＝1	0.9429	0.4178	1.7277	0.1760
纺织服饰＝1，轻工制造＝1，基础化工＝1	机械设备＝1	0.9429	0.4051	1.7924	0.1791
汽车＝1，纺织服饰＝1	轻工制造＝1	0.9427	0.4036	1.7261	0.1698
环保＝1，基础化工＝1	轻工制造＝1	0.9421	0.4055	1.7250	0.1704
电力设备＝1，纺织服饰＝1	轻工制造＝1	0.9412	0.4170	1.7234	0.1751
……	……	……	……	……	……
纺织服饰＝1，轻工制造＝1	综合＝1	0.9051	0.4222	1.6907	0.1725
纺织服饰＝1，轻工制造＝1	机械设备＝1	0.9051	0.4222	1.7206	0.1768
轻工制造＝1，建筑材料＝1	机械设备＝1	0.9050	0.4003	1.7203	0.1676
电子＝1，计算机＝1	通信＝1	0.9042	0.4040	1.7588	0.1743
基础化工＝1，公用事业＝1	纺织服饰＝1	0.9039	0.4025	1.6944	0.1650
汽车＝1，轻工制造＝1	综合＝1	0.9038	0.4018	1.6882	0.1638
电子＝1，计算机＝1	基础化工＝1	0.9034	0.4036	1.6553	0.1598
汽车＝1，机械设备＝1	综合＝1	0.9030	0.4018	1.6868	0.1636
电力设备＝1，电子＝1	轻工制造＝1	0.9029	0.4081	1.6532	0.1613
石油石化＝1，基础化工＝1	轻工制造＝1	0.9025	0.4063	1.6525	0.1604
综合＝1，基础化工＝1	纺织服饰＝1	0.9023	0.4156	1.6913	0.1698
基础化工＝1，公用事业＝1	环保＝1	0.9023	0.4018	1.7703	0.1748
商贸零售＝1，纺织服饰＝1	机械设备＝1	0.9021	0.4044	1.7148	0.1686

续表

前项	后项	置信度	支持度	提升度	杠杆率
综合＝1，纺织服饰＝1	商贸零售＝1	0.9018	0.4066	1.7302	0.1716
综合＝1，轻工制造＝1	机械设备＝1	0.9015	0.4156	1.7138	0.1731
综合＝1，机械设备＝1	汽车＝1	0.9015	0.4018	1.7162	0.1677
电力设备＝1，电子＝1	计算机＝1	0.9012	0.4074	1.7708	0.1773
石油石化＝1，基础化工＝1	机械设备＝1	0.9008	0.4055	1.7125	0.1687
电力设备＝1，基础化工＝1	综合＝1	0.9003	0.4200	1.6818	0.1703
轻工制造＝1，机械设备＝1	综合＝1	0.9001	0.4156	1.6813	0.1684

资料来源：本书整理。

二、股票行业关联规则结果分析

从这189条结果可以看出，大部分呈现同涨的结果，比如当综合行业、轻工制造行业、机械设备行业呈现涨势时，基础化工行业也出现涨势的概率为97.05%；当综合行业、纺织服饰行业、基础化工行业呈现涨势时，轻工制造行业也出现涨势的概率为96.6%；电力设备行业、轻工制造行业、机械设备行业呈现涨势时，基础化工行业也呈现涨势的概率为96.41%；当电力设备行业、纺织服饰行业、轻工制造行业呈现涨势时，基础化工行业也呈现涨势的概率为96.16%；当石油石化行业、轻工制造行业呈现涨势时，基础化工行业也呈现涨势的概率为96.13%；当电力设备行业、纺织服饰行业、基础化工行业呈现涨势时，轻工制造行业也呈现涨势的概率为95.99%，以此类推。在行业出现次数（如表4-13所示）中，基础化工行业出现100次、轻工制造行业出现100次、机械设备行业出现76次、纺织服饰行业出现64次、电力设备行业出现57次、综合行业出现47次、商贸零售行业出现26次、公用事业出现26次、电子行业出现26次、汽车行业出现19次、计算机行业出现14次、环保行业出现13次、通信行业出现6次、建筑材料行业出现6次、石油石化行业出现3次、农林牧渔行业出现2次、医药生物行业出现2次。

表4-13 各行业出现次数

前项	出现次数	后项	出现次数	合计
轻工制造	61	轻工制造	39	100
基础化工	60	基础化工	40	100

前项	出现次数	后项	出现次数	合计
机械设备	37	机械设备	39	76
纺织服饰	47	纺织服饰	17	64
电力设备	32	电力设备	25	57
综合	31	综合	16	47
商贸零售	25	商贸零售	1	26
公用事业	23	公用事业	3	26
电子	24	电子	2	26
汽车	18	汽车	1	19
计算机	12	计算机	2	14
环保	9	环保	4	13
通信	4	通信	2	6
建筑材料	6	建筑材料	0	6
石油石化	3	石油石化	0	3
农林牧渔	2	农林牧渔	0	2
医药生物	2	医药生物	0	2

资料来源：本书整理。

从上述内容可以发现，基础化工行业、设备行业、机械设备行业、轻工制造行业、纺织服饰行业、电力综合行业这6个行业出现次数较多，表明它们之间存在着强关联关系，因此可以着重关注这些行业。结合各行业之间的置信度、支持度、提升度、杠杆率等数据作为参考，可以发现，行业联动规则具有较高的应用价值。在关联行业出现涨势时，通过分析能够为投资者购买股票提供一定的参考，例如，当综合行业、轻工制造行业、机械设备行业出现涨势时，大概率基础化工行业也会呈现涨势，这时建议买入基础化工行业的股票。

另外，模型的可视化描述对了解信息并检验关联规则的真实性也十分有用。它还能够检验关联规则中的所有 Web 节点。Web 节点图可以表示两个或多个符号字段间相互作用的程度。此图形可以通过不同厚度的直线连接节点。而节点关联度越高，则图形上对应的直线越粗（Asadifar et al.，2017）。为了更加清晰地掌握不同股票行业指数之间的价格上涨时刻的联动性，生成如图4-5所示的股票关联节点图。

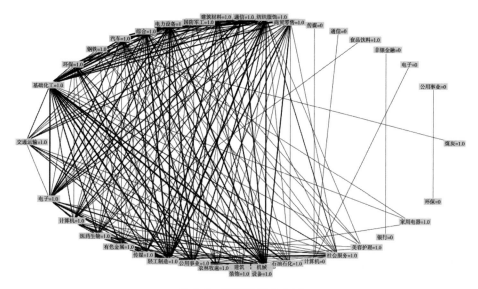

图 4-5　股票关联节点图

资料来源：本书整理。

图 4-5 中反映了 31 个股票行业指数涨跌之间的联系，每个股票指数。这种联系的厚度与股票市场指数之间的联系成正比。查看连接视图中每个节点的粗线，可以发现，有 12 个行业之间的连线较多，占据了主体。同时还可以看出，以基础化工行业、轻工制造行业、机械设备行业为辐射点的连线数量较多以及连线较粗，说明这三个行业与其他行业之间的关联度较高，在行业联动中的联动效应是最明显的，可以依据其他行业指数的涨跌为参考进行投资。而像煤炭行业、食品饮料行业等只有一条线与其相连，说明该行业在行业联动中联动效应较低，其他行业指数的涨跌对该行业指数的涨跌参考意义不大，在投资时需结合多方因素来进行参考。

三、股票行业联动原因分析

在股票市场从事买卖的企业股份间具有形式多样的关联关系，包括同一条供应链的上下游联系，同行业产品间的互相替换关系、互补关系、竞争联系，以及同一家企业的多种业务，不同产业的公司间互相持股联系等。在与上述产业密切相关的经济基础上，当某个产业受政策、宏观政策、市场竞争等诸多因素的共同作用时，与之相应的产业就会因生产成本和利润等经济指标的变动而受到一定的冲击，这便是产业内部的消息传导与价格波动溢出效应。具体是指某个产业受到影响时不但对该产业的股票价格形成影响，同时还会对相应产业的收益率形成相应的冲击。

另外，投资者的预测还包括了理性预测和非理性预测。从理性预测的观点出发，在某个领域内产生变故之后，理性的投资者在自己的投资总额不变的情况下，无论是追加投资还是降低投入，都会使原有的资产构成改变，因此股市产品的供给构成就会出现一定的变动，同时各个领域内部的消息传递也出现了一定的效应，如此就会使领域内部出现轮动现象。从非理性预测所引发的投机活动方面来看，股票市场内部出现了消息传播不对称的现象。投资者的心理状态通常会引起其他领域投机活动的干扰；此外，当新事件仅对某一领域的股票产生影响后，这一事件可能会引起其他领域的投资者对数据出现异常做出反应，从而对自身的投机活动再次做出判断。

由此可见，中国股票市场行业联动现象的内部机理，主要是信号传导和波动溢出效应所引起的。我国股票市场从形成至今始终处在动荡不定的态势，股票市场行业内部的联动现象深受多种共同作用的影响，大致总结为以下几个方面：

（1）我国政府对股市的限制是出现产业轮动现象一个十分关键的因素。我国股票市场的不完善和不健全使我国加大了对股票市场的监督和控制力度，我国股票市场历来有"政策市"之称，政府的干预在很大程度上影响着我国股票市场的产业轮动现象。

（2）研究企业自身运行状况及其对股票板块轮动产生的影响。上市公司企业的经营状况一直是投资者所关注的一个十分关键的领域，在制定好股票政策之后，投资者不断地根据规律判断业绩良好的企业是否还可以继续看涨，事实上这一判断也是很符合实际情况的。对于业绩较差的企业，它们也有可能通过并购或者整合的手段改变较差的经营业绩，从而改变股票价格。不过只要企业的经营基本面不出现太大的改变，即使企业的整体获利水平再高也无法出现股票持续上扬的态势。

（3）科技进步对股市的影响。科技革命是确定整个产业以及主导公司发展命运的最关键因素。技术对于一家公司的业务以及其在股市中的位置起着举足轻重的作用。在不同的技术水平下，不同的行业都处在不同的成长阶段，在产业的兴衰方向上扮演着不同的角色。如果反映到股票市场的波动性上，则可能造成市场上的价格错位调整。

（4）成长周期对股市行业轮动的影响。不同生命周期的产业都有不同的行情走向，对产业间的轮动关系也产生了相应的影响。一般而言，处在导入期的产业间的关系比较弱，而且敏感程度呈逐渐提高的态势；而处在成长阶段的产业市场走势最好，产业间的轮动关系也相对较为灵敏，一直到成长期，产业间的联动关系才趋于稳定态势；到衰退期以后，产业间联动关系的敏感度逐步下降。

四、行业推荐算例分析

现假设存在着一位用户 A，选择了迪贝电器、中电电机、红豆控股、同力股份、盛通股份五只股票，其用户画像结果显示，用户 A 更倾向于买入电力设备行业、纺织服装行业、工程机械行业、电子行业的股票。通过股票的关联规则结果可以发现，纺织服装行业、电子产品行业、机械行业三个领域的基础化工行业的平均置信度都为 0.9595、支持度为 0.4051、提升度为 1.758、杠杆率为 0.1747，行业之间呈现强关联，且电力设备行业、纺织服饰行业、机械设备行业这三个行业与轻工制造行业间的置信度为 0.9476、支持度为 0.4096，行业之间也存在强关联关系。因此，推荐用户 A 购买基础化工行业的股票、轻工制造行业的股票。

所推荐的基础化工行业与轻工制造行业在 2021 年当中的行业指数如表 4-14 所示。

表 4-14 推荐股票行业 2021 年指数

时间	基础化工行业			轻工制造行业		
	周收盘价（元）	周涨跌（元）	周涨跌幅（%）	周收盘价（元）	周涨跌（元）	周涨跌幅（%）
1-1	3649.16	25.21	0.6956	2605.76	35.98	1.4001
1-8	3854.73	205.57	5.6334	2655.51	49.75	1.9092
1-15	3823.4	−31.29	−0.8117	2666.40	10.89	0.4101
1-22	4078.79	255.35	6.6785	2737.74	71.34	2.6755
1-29	3891.83	−186.96	−4.5837	2677.16	−60.58	−2.2128
2-05	3910.67	18.84	0.4841	2737.24	60.08	2.2442
2-12	4275.06	364.39	9.3178	2819.78	82.54	3.0154
2-19	4332.56	57.50	1.3450	2879.31	59.53	2.1112
2-26	4058.78	−273.78	−6.3191	2721.89	−157.42	−5.4673
3-05	3989.91	−68.87	−1.6968	2768.99	47.10	1.7304
……	……	……	……	……	……	……
10-29	5021.18	−49.03	−0.9670	2527.3	−87.04	−3.3293
11-05	4743.03	−278.15	−5.5395	2569.380	42.07	1.6646

续表

时间	基础化工行业			轻工制造行业		
	周收盘价（元）	周涨跌（元）	周涨跌幅（%）	周收盘价（元）	周涨跌（元）	周涨跌幅（%）
11−12	4882.08	139.05	2.9317	2653.66	84.28	3.2802
11−19	4890.49	8.41	0.1723	2666.56	12.90	0.4861
11−26	4963.34	72.85	1.4896	2682.97	16.41	0.6154
12−03	5011.65	48.31	0.9733	2694.15	11.18	0.4167
12−10	5032.63	20.98	0.4186	2762.23	68.08	2.5270
12−17	4999.91	−32.72	−0.6502	2775.72	13.49	0.4884
12−24	4851.98	−147.93	−2.9587	2788.93	13.21	0.4759

资料来源：本书整理。

  根据 2021 年基础化工行业与轻工制造行业指数情况，基础化工行业指数从年初的 3649.16 元涨至 4851.98 元，增长了 1202.82 元，年涨幅为 32.96%；轻工制造行业从 2605.76 元涨至 2788.93 元，增长了 183.17 元，年涨幅为 7.03%。因此股票行业推荐效果较良好。

第五节 股票财务指标关联规则挖掘与推荐

一、关联规则生成

  将股票财务数据以及年涨跌数据代入 Apriori 算法当中进行关联规则生成。在模型当中，将 34 项财务指标设置为前项 X，将年涨跌幅度设置为后项 Y，进行关联规则分析。为选择出与年涨跌关联性强的指标，将支持度阈值设定为 0.3，将置信度阈值设定为 0.6。

  根据模型对数据的运算结果，筛选出重要的有分析价值的结果如表 4−15 所示。

表 4−15 关联规则结果

前项 X	后项 Y	支持度	置信度
营业总收入同比增长率＝A	年涨跌幅＝1	0.3071	0.6372

续表

前项 X	后项 Y	支持度	置信度
投入资本回报率 ROIC＝A	年涨跌幅＝1	0.3089	0.6392
总资产报酬率 ROA＝A	年涨跌幅＝1	0.3132	0.6396
净资产收益率(摊薄)(同比增长率)＝A 归属母公司股东的净利润-扣除非经常损益(同比增长率)＝A	年涨跌幅＝1	0.4170	0.6491
净资产收益率(摊薄)(同比增长率)＝A	年涨跌幅＝1	0.3636	0.6498
息税前利润/营业总收入＝A	年涨跌幅＝1	0.3187	0.6450
净资产收益率(摊薄)(同比增长率)＝A 营业外收支净额/利润总额＝A 归属母公司股东的净利润-扣除非经常损益(同比增长率)＝A	年涨跌幅＝1	0.3255	0.6509
净资产收益率(摊薄)(同比增长率)＝A 营业外收支净额/利润总额＝A	年涨跌幅＝1	0.4667	0.6511
归属母公司股东的净利润-扣除非经常损益(同比增长率)＝A	年涨跌幅＝1	0.3299	0.6549
净资产收益率(摊薄)(同比增长率)＝A 归属母公司股东的净利润-扣除非经常损益(同比增长率)＝A 应收账款周转率＝A	年涨跌幅＝1	0.3783	0.6579
净资产收益率(摊薄)(同比增长率)＝A 应收账款周转率＝A 销售毛利率＝A	年涨跌幅＝1	0.4219	0.6679
营业总收入同比增长率＝A 经营活动产生的现金流量净额/负债合计＝A	年涨跌幅＝1	0.3128	0.6778
营业外收支净额/利润总额＝A 归属母公司股东的净利润-扣除非经常损益(同比增长率)＝A	年涨跌幅＝1	0.3979	0.7018
净资产收益率(摊薄)(同比增长率)＝A 营业外收支净额/利润总额＝A 应收账款周转率＝A	年涨跌幅＝1	0.3261	0.7027
归属母公司股东的净利润-非经常损益(同比增长率)＝A 应收账款周转率＝A	年涨跌幅＝1	0.4864	0.7085
总资产报酬率 ROA＝A 总资产净利率 ROA＝A 销售毛利率＝A	年涨跌幅＝1	0.4158	0.7125
总资产净利率 ROA＝A 投入资本回报率 ROIC＝A 销售毛利率＝A 扣除非经常性损益的净利润/净利润＝A	年涨跌幅＝1	0.3685	0.7135
营业总收入同比增长率＝A 净资产收益率(摊薄)(同比增长率)＝A 应收账款周转率＝A	年涨跌幅＝1	0.3128	0.7136

续表

前项 X	后项 Y	支持度	置信度
净资产收益率＝A 总资产净利率 ROA＝A 投入资本回报率 ROIC＝A 经营活动净收益/利润总额＝A	年涨跌幅＝1	0.3596	0.7189
经营活动净收益/利润总额＝A 流动资产周转率＝A 净资产收益率＝A 总资产报酬率 ROA＝A	年涨跌幅＝1	0.3597	0.7201

资料来源：本书整理。

二、股票财务指标关联规则结果分析

统计分析筛选出的具有投资价值的结果如表 4-16 所示。

表 4-16　统计结果

项目	统计量
最大前项数目	4
最小置信度	0.6372
最大置信度	0.7201
最小支持度	0.3071
最大支持度	0.4864

资料来源：本书整理。

根据上面的关联分析结果，对于股票指标之间的关联性挖掘，可以得出如下结论：

（1）对于年营业总收入增长率较高的上市公司，股价上升的概率相对较高。

（2）对于投资回报率高的上市公司，增资的可能性相对较高。

（3）对于总资产收益率较高的上市公司，股票上涨的可能性相对较高。

（4）对于净资产收益率（稀释）年平均增长率较高的上市公司，股价上升的概率也较高。

（5）归属于母企业股东的盈利——在扣除非常年性亏损后年增长速度较快的上市公司股票价格上升的概率较高。

（6）应收账款周转率高的公司股价上涨的可能性较大。

（7）利息和税前利润/营业总收入较高的公司股价更有可能上涨。

（8）总资产周转率较好的上市公司股票价格上升的可能性较大。

基于关联规则分析的结论，从34个重要财务指标中筛选出了与股价的涨跌关联性最大的14个重要指数。

这14个重要指数是：净资产收益率，扣除非经常性损益后的ROE，总资产ROE，息税折旧摊销前利润/营业利润总额，销售期费用率，营业成本/营业利润总额，净利润/营业利润总额，投资回报率，营业外收入和费用净额/利润总额，净利润/扣除非经常性损益后的净利润现金/营业收入，应收账款周转率，营业总收入同比增长率，销售商品和提供劳务归属于母公司股东的净利润-扣除非经常性损益（同比增长率），净资产回报率（同比稀释增长率）。这些指标的数据可为投资者购买股票提供一定的参考。

三、基于关键指标的股票聚类

本节对所选取的股票指标进行聚类分析，筛选优质的、走势稳定的股票。本书采用 K-means 聚类算法对关联规则选取的股票进行聚类，算法步骤如下：

（1）给出 n 个数据样本，令 $I=1$，随机选择 K 个初始聚类中心：

$$Z_j(I)，j=1，2，\cdots，K \tag{4-10}$$

（2）求解每个数据样本与初始聚类中心的距离：

$$D[x_i, Z_j(I)]，i=1，2，\cdots，n；j=1，2，\cdots，K \tag{4-11}$$

若满足

$$D[x_i, Z_j(I)] = \min\{D[x_i, Z_j(I)]，i=1，2，\cdots，n\} \tag{4-12}$$

那么 $x_i \in w_k$。

（3）令 $I=I+1$，计算新聚类中心：

$$Z_j(2) = \frac{1}{2} \sum_{i=1}^{n_j} x_i^{(j)}，j=1，2，\cdots，K \tag{4-13}$$

以及误差平方和准则函数 J_c 的值：

$$J_c(2) = \sum_{j=1}^{K} \sum_{i=1}^{n_j} \| x_i^{(j)} - Z_j(2) \| \tag{4-14}$$

（4）判断：

如果

$$|J_c(I+1) - J_c(I)| < \xi \tag{4-15}$$

那么表示算法结束；反之 $I=I+1$，重新返回第②步执行。

在 K-means 算法中一般采用欧氏距离来计算与质心点的距离；此外还有几种可以用 K-means 的距离计算方法。

（1）闵可夫斯基距离：λ 可以随意取值，可以是负数，也可以是正数，甚至是无穷大。

$$d_{ij} = \sqrt[\lambda]{\sum_{k=1}^{n} |x_{ik} - x_{jk}|^2} \qquad (4-16)$$

（2）欧氏距离：也就是式（4-16）$\lambda = 2$ 的情况。

$$d_{ij} = \sqrt[\lambda]{\sum_{k=1}^{n} (x_{ik} - x_{jk})^2} \qquad (4-17)$$

（3）曼哈顿距离公式：也就是式（4-16）$\lambda = 1$ 的情况。

$$d_{ij} = \sum_{k=1}^{n} |x_{ik} - x_{jk}| \qquad (4-18)$$

（4）余弦距离（常用于文本）：

$$\cos A = \frac{b^2 + c^2 - a^2}{2bc} \qquad (4-19)$$

基于关联分析结论，可以选择对与股票价格上涨水平有关的 16 个重要指数采用结论聚类分析技术。但因为上述重要指标区间范畴并不统一，具有截然不同的衡量单元，会对结论聚类分析法的效果有重要影响。因此，在完成聚类以前必须先将数据进行标准化处理。对数据经过标准化处理之后，将所有指标统一为一个衡量单元，以便于数据相互之间的评价与分类。因此本书将通过 Z 标准化法，首先对股票数据做一个预处理。

Z 标准化法也是一个很常见的预处理方式。它可以通过将数值转换为具有统一量级的分值，使数值能够进行比较，以保证数据的可靠性。Z 标准化的公式如下：

$$y = (x - \mu)/\sigma \qquad (4-20)$$

其中，x 为样本数据，μ 为均值，σ 为标准差且不为0。经过预处理后的部分数据见表4-17。

表 4-17　标准化转换后的部分股票数据

股票名称	存货周转率	应收账款周转率	流动资产周转率	……	净资产收益率（摊薄）（同比增长率）
同辉信息	−0.0196	−0.0559	−0.0664	……	−0.2643

续表

股票名称	存货周转率	应收账款周转率	流动资产周转率	……	净资产收益率（摊薄）（同比增长率）
微创光电	-0.0196	-0.0582	-0.94	……	-0.2732
苏轴股份	-0.0195	-0.054	0.2133	……	-0.1865
艾融软件	-0.0189	-0.0554	-0.2969	……	-0.1087
万通液压	-0.0196	-0.0552	-0.3125	……	-0.2755
森萱医药	-0.0196	-0.0406	-0.3881	……	-0.2072
润农节水	-0.0197	-0.0576	-0.5946	……	-0.1596
凯添燃气	-0.0181	-0.052	-0.0588	……	-0.1061
海希通讯	-0.0197	-0.0569	-0.7524	……	-0.3633
新安洁	-0.0185	-0.0573	-0.3741	……	-0.3657

资料来源：本书整理。

接下来，要采用 K-Means 方法对股票进行聚类，并利用欧氏距离法对样本点的相似率进行测量。利用 K-Means 方法对 2021 年的 3543 只股票价格的 16 个重要技术指标信息进行聚类分析，以期发现股价走势和相关指数之间的深层联系。因为 K-Means 算法对聚类的数量 n 敏感，所以需要初始设置不同的聚类分析法数目，所得出的聚类结果如表 4-18 所示。

表 4-18 设置不同聚类数目的 K-Means 聚类结果

聚类数	聚类1样本数	聚类2样本数	聚类3样本数	聚类4样本数	聚类5样本数	聚类6样本数	聚类7样本数	聚类8样本数	聚类9样本数	聚类10样本数
$n=3$	1918	210	1415							
$n=4$	1633	295	1197	418						
$n=5$	1579	277	1187	401	99					
$n=6$	1683	170	1189	387	86	28				
$n=7$	1606	13	462	172	70	25	1195			
$n=8$	1610	11	448	197	61	20	1180	16		
$n=9$	1500	10	385	131	63	20	1087	10	337	
$n=10$	1479	13	390	143	69	18	1069	9	321	32

资料来源：本书整理。

根据表格中每个 n 值对应的样本数量，在 n 取其他值时，类内会出现样本数过多或过少的情况。当 $n=4$ 时，不同类之间的结果相对均匀，不同聚类的样本量相对比较合理，取得较好的聚类结果；当 n 取其他值时，聚类结果会出现不同类内样本个数差距较大或相近的不一结果。图 4-6 是各类中样本数量占比，可以明显看出四个样本的占比。在聚类数目 $n=4$ 时，聚类达到了较好的效果。

对 $n=4$ 时的结果进行分析，不同类的占比如图 4-6 所示。

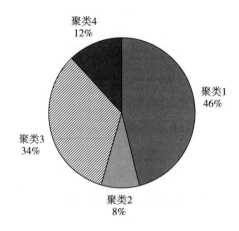

图 4-6　聚类不同个股数量占比（$n=4$）

资料来源：本书整理。

对聚类的结果影响比较大的关键指标是：企业总经营成本/总收入、总资产收益率、资产净收益息前净利润/总营业收入、总资产净利率、总营业收入同比增长率和扣除非经常损益的 ROE。

进一步分析聚类的结果，如表 4-19 所示。

表 4-19　个股聚类结果分析

	数量	超越平均涨幅的数量	占比	低于平均涨幅的数量	占比
聚类 1 样本数	1633	1061	65%	572	35%
聚类 2 样本数	295	251	85%	44	15%
聚类 3 样本数	1197	275	23%	922	77%
聚类 4 样本数	418	226	54%	192	46%

资料来源：本书整理。

从表 4-19 中可以看到，聚类 2 和聚类 3 股票的关键指标的聚类分析结果较好，对可超越平均涨幅的股票以及低于平均涨幅的股票进行了聚类。聚类 2 中年涨幅为正值时，占比为 85%，表现类别为优质股票；聚类 3 中年涨幅为负值时，占比为 77%，表现类别为劣势股票。根据此聚类，就可以对优劣股票进行分类，并且涨幅居前的股票都可被归为聚类 2，效果较为理想。

四、个股推荐算例分析

基于前文的内容，通过股票财务指标关联规则的挖掘向用户 A 推荐基础化工行业的个股，通过 iFind 软件获取基础化工行业所有股票，共计 366 只股票；导入 16 条关键财务指标，获取数据界面如图 4-7 所示。

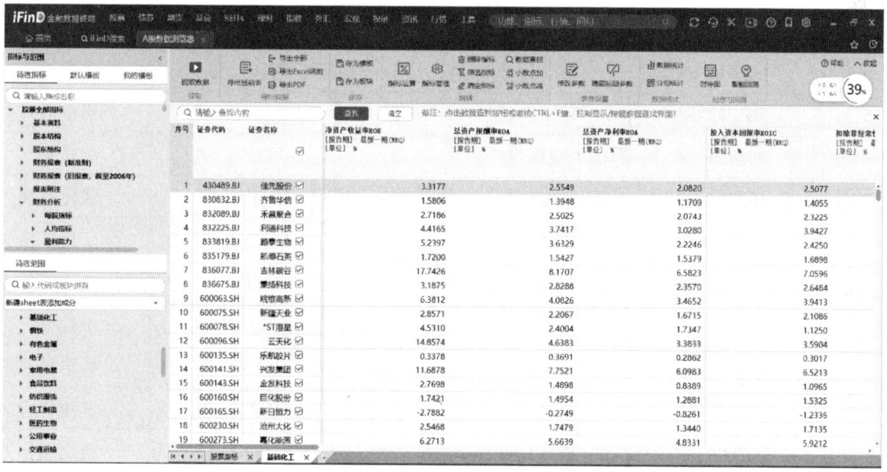

图 4-7 基础化工行业财务指标数据获取界面

资料来源：本书整理。

导出 Z 标准化处理后的数据后，并进行 K-Means 聚类分析，聚类数 n 设为 4，聚类结果见表 4-20。

根据上文中 K-Means 聚类结果显示聚类 2 中的股票为优质股票，大概率会呈现涨势，因此可向用户 A 推荐聚类 2 中的 30 只基础化工行业的股票，具体推荐股票如表 4-21 所示。

表 4-20   基础化工行业股票聚类结果

	样本内股票数量
聚类 1	169
聚类 2	30
聚类 3	123
聚类 4	44

资料来源：本书整理。

表 4-21   推荐股票

股票序号	股票代码	股票名称	股票序号	股票代码	股票名称
1	300587. SZ	天铁股份	16	002360. SZ	同德化工
2	300731. SZ	科创新源	17	000420. SZ	吉林化纤
3	603181. SH	皇马科技	18	300806. SZ	斯迪克
4	002054. SZ	德美化工	19	002971. SZ	和远气体
5	300243. SZ	瑞丰高材	20	600426. SH	华鲁恒升
6	002453. SZ	华软科技	21	300758. SZ	七彩化学
7	300767. SZ	震安科技	22	002250. SZ	联化科技
8	002915. SZ	中欣氟材	23	601208. SH	东材科技
9	002324. SZ	普利特	24	000683. SZ	远兴能源
10	603683. SH	晶华新材	25	600328. SH	中盐化工
11	600299. SH	安迪苏	26	600378. SH	昊华科技
12	600075. SH	新疆天业	27	601678. SH	滨化股份
13	002096. SZ	南岭民爆	28	603867. SH	新化股份
14	300910. SZ	瑞丰新材	29	688357. SH	建龙微纳
15	300848. SZ	美瑞新材	30	002274. SZ	华昌化工

资料来源：本书整理。

所推荐的个股在之后的 1 个月中，股价情况如表 4-22 所示。

表 4-22   推荐个股在 1 个月中的股价

股票名称	1-4	1-5	1-6	1-7	1-8	……	1-29	月涨跌	涨跌幅
天铁股份	12. 73	12. 56	12. 03	11. 25	11. 70	……	14. 60	2. 15	17. 27%
科创新源	22. 02	21. 89	21. 04	20. 17	20. 19	……	25. 74	3. 67	16. 63%

续表

股票名称	1-4	1-5	1-6	1-7	1-8	……	1-29	月涨跌	涨跌幅
皇马科技	19.30	19.85	20.05	19.50	19.51	……	21.34	2.06	10.68%
德美化工	8.28	8.34	8.06	7.73	7.75	……	9.31	1.16	14.23%
瑞丰高材	15.41	15.32	16.37	15.68	15.02	……	16.75	1.89	12.72%
华软科技	6.13	6.08	5.81	5.80	6.26	……	6.04	0.25	4.32%
震安科技	74.30	76.70	77.80	88.58	86.91	……	90.60	17.60	24.11%
中欣氟材	16.37	16.02	15.73	15.10	15.23	……	16.39	0.21	1.30%
普利特	18.63	19.25	18.74	20.23	20.70	……	18.27	1.33	7.85%
晶华新材	12.92	12.75	12.46	12.09	11.94	……	13.20	0.43	3.37%
安迪苏	11.68	11.85	11.71	11.76	11.59	……	12.71	1.20	10.43%
新疆天业	5.73	5.79	5.87	5.73	5.65	……	5.80	0.15	2.65%
南岭民爆	7.57	7.40	7.08	6.80	6.68	……	7.06	-0.23	-3.16%
瑞丰新材	76.00	71.81	72.34	77.24	79.67	……	65.50	2.00	3.15%
美瑞新材	50.00	48.93	47.78	46.62	47.60	……	48.37	0.48	1.00%
同德化工	7.81	7.81	7.54	7.37	7.98	……	8.10	0.30	3.85%
吉林化纤	1.91	1.89	1.93	1.89	1.88	……	1.93	0.04	2.12%
斯迪克	53.58	53.36	58.59	58.95	57.90	……	53.45	1.45	2.79%
和远气体	17.95	17.73	19.50	20.17	18.59	……	17.35	-0.32	-1.81%
华鲁恒升	37.01	39.80	40.92	42.38	42.70	……	39.02	1.72	4.61%
七彩化学	23.05	24.45	23.65	22.49	22.14	……	22.80	-0.03	-0.13%
联化科技	23.70	24.20	24.24	24.60	24.36	……	23.61	-0.38	-1.58%
东材科技	10.56	11.18	11.11	11.04	11.41	……	10.95	0.39	3.69%
远兴能源	2.16	2.14	2.14	2.12	2.12	……	2.13	-0.03	-1.39%
中盐化工	6.71	6.66	6.58	6.49	6.49	……	6.77	0.10	1.50%
昊华科技	21.69	21.80	21.63	22.48	22.56	……	21.24	0.23	1.09%
滨化股份	5.32	5.34	5.30	5.35	5.60	……	5.11	-0.14	-2.67%
新化股份	23.39	23.90	23.47	22.51	22.68	……	23.70	0.31	1.33%
建龙微纳	64.14	68.41	66.03	63.90	64.00	……	62.57	-1.47	-2.30%
华昌化工	5.17	5.12	5.00	4.85	4.78	……	4.56	-0.20	-4.20%

资料来源：https://ft.10jqka.com.cn/.

根据表4-21中涨跌情况可知，股价上涨的个股有22只，股价下跌的个股有8只；并且，股价上涨的22只股票当中，上涨幅度超过10%共有7只、上涨幅度为 0~10% 的共有 15 只，8 只下跌的股票跌幅均不超过 5%。该模型推荐效果良好。

第六节　本章小结

本章就股票的相关规律研究展开了探讨。首先，通过 Apriori 方法对股票产业间的关系进行了研究，能够确定产业间的联动影响，得出结论：一些产业间会存在同时联动行为，能够制定共同投资或是同时规避的对策；能够通过研究某些产业的情况预知其他产业的发展趋势，从宏观角度为投资者提供参考。本章根据用户画像推荐了基础化工行业的股票，与轻工制造行业的股票这两类行业的指数走势良好。

其次，通过对股票指数相关性的研究统计分析，深入研究股市基础面指标间的关联关系，进而发现股票指数间的关系规律；并运用 Apriori 算法，在 34 个股市的关键财务指标数据中，寻找与公司股票涨跌密切相关的 16 个关键财务指标，从而发现了影响公司股票涨跌的重要指标。之后运用 K-Means 算法对公司股票实行了聚类分析，目的是甄选优秀的、发展趋势稳健的公司股票，对一般投资者的投资行为产生了一定的借鉴意义，并提供了其合理的投资目标范围。从单只股票的微观层面来为投资者提供参考。

最后，假设用户 A，基于其用户画像中购买股票的行业偏好，结合本章基于关联规则的股票智能推荐模型，向用户 A 推荐了基础化工行业的 30 只股票，且 30 只股票当中上涨的股票数为 22 只，个股推荐效果良好。

第五章　基于文本内容分析的
股票推荐模型构建

　　基于文本内容的股票推荐子模型主要用于用户的用户画像、股票的基础信息、股票的交易信息和相关文本数据，包括股票评论与财经新闻。股票文本数据包括股票的所属板块、基本信息及评论信息和相关金融事件信息等。通过浏览股票的文本信息，投资者能够形成对股票的初步认识。因此，本章的股票推荐模型选择从股票的文本数据中提取股票特征并预估其是否有上涨潜力，结合用户风险承受能力推荐优质股票。

第一节　引言

　　随着社交媒体的高速发展，大量非结构化股票文本数据在各种媒介快速扩散。上市公司所披露的报告以及公布的重要事件都会定时公布，有经验的投资人也会利用互联网上发布股评资讯的形式将所掌握的信息共享，因此使各种门户网站、股票论坛等成为投资人参与信息互动的主要平台，而这种信息也将直接或间接地影响着客户的投资活动。

　　基于股票信息的模型一般有两类：基于股评金融分析的股票建议模型和基于数理模型的股票预测模型。基于股评的股票建议一般依据的是在线股评、股票建议等数据。股评一般主体包括三类。①大盘股评：通过股票的每天收盘数据，以大盘情况确定未来一段时间的发展趋势。②区域股评：侧重于区域，重点分析大众所关注的区域在未来的表现。③个股股评：针对个股进行分析，包括个股的财经金融事件信息分析，如高层人员变动、财报发布等，是投资者重点关注的对象。但股评的来源是有经验的投资人和股票分析人员，他们自我认知有局限性，基于股评的股票推荐信息涉及范围广，无法适应单一股民多样化选择的需求。采用数理概念的股票预测模型，通过运用年报、历史成交信息等大数据分析，或运用投资分析法、时间序列模型等方法做出对股市的未来价格趋势预测，用以推荐股票或引导股票投资操作，但这类模型在原理和应用方面存在诸多限制。据此，本章主要解决两个问题：一是基于内容的股票推荐算法需要利用股票论坛的哪些非结构化文本数据；二是如何充分利用非结构化文本数据，以判断股票的未来走势是否有投资潜力并生成用户的个性化股票推荐列表。

在对基于股票文本内容的推荐和应用（汪静等，2018；Wen & Zhu，2021）进行研究综述的基础上，本章充分利用股票文本数据可结构化改造的性质，提出一个金融事件词典以适配文本数据，并提出一种综合考虑股票文本信息和股票交易数据的股票盈利预估推荐方法框架（Stock Earnings Estimation Model）。本书将自然语言处理技术与金融知识相结合，从股评和金融事件信息中提取特征，设计专属模型判断股票是否有盈利可能；基于第三章的用户画像从候选盈利股票中匹配出符合用户偏好的股票，从而生成推荐结果。实验结果显示，本章提出的推荐模型能够有效结合股票文本信息，从而做出效果优于传统方法的推荐。

基于内容的股票推荐其核心是通过各只股票相关的文本信息，构建股票上涨潜力与股票相关文本信息之间的关系空间，找到优质、有盈利潜力的股票，并结合用户画像对股票进行推荐。本章基于内容的股票智能推荐算法框架（如图5-1所示），分为文本预处理、股票盈利预估、推荐输出几个模块，提升了基于文本内容的股票推荐的精度。

首先是对文字的预处理工作，对收集到的股票资料数据，股评数据及其关联公司数据等进行了预处理，并先通过拥有各种股票相关专用词的分词词库，对收集到的股票文本信息进行了分词处理，之后使用停用词词库对分词后的文本信息进行去停用词处理，减少文本信息中的无用特征。

其次是进行股票盈利预估，需要结合金融股票相关知识构建金融事件词典。通过金融事件词典可以将股评和财经新闻等文本信息转换成固定结构的结构信息，这有利于模型对文本的学习与理解；再对通过预训练方法得到股票文本数据的词向量和股票盈利预估模型；利用训练完成的模型预估股票集中所有股票盈利的概率。

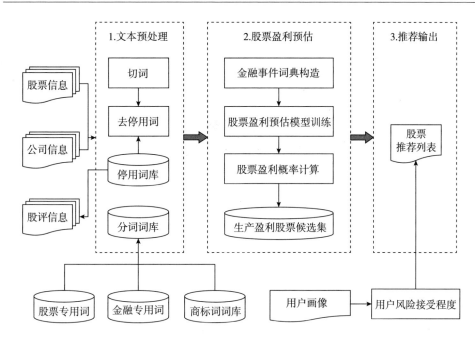

图 5-1 基于文本内容分析的股票推荐算法框架

资料来源：本书整理。

最后是推荐输出。推荐输出需要向投资者提供其偏好的股票，通过在第三章得到的用户画像，找到投资者的风险接受程度偏好，并于盈利候选股票匹配，找到满足用户风险接受程度的股票，最终得到该投资者的股票推荐列表。

第二节 基于股票评论及金融事件的股票推荐算法

基于内容的推荐算法尝试推荐有盈利潜力且符合用户风险承受程度的股票，关键技术是对股票相关文本信息进行建模抽取高阶特征，预估其是否有盈利潜力。推荐的过程是将有盈利潜力的股票与股票投资者选股特征进行匹配，找出适合投资者的股票并生成推荐列表。

（1）内容分析器。该模型能够针对股票价格相关信息进行构建，并主要使用基于内容的股票推荐算法将结构化和非结构化的股票文本信息数据进行数据预处理后，在较冗杂的数据源上将可训练的结构化数据抽取出来，并转化为后续算法可识别的格式化数据。内容分析器的关键作用体现在有能力筛选出有盈利潜力的股票。

（2）信息学习器。用于收集股票投资者的互动信息进行股票投资者建模。当系统明确要求股票投资者对所提供物品或服务评价时，获得的这类反馈信息称作"显式反馈"；系统通过监控和分析股票投资者的上网行为，挖掘股票投资者兴趣信息，这类反馈称作"隐式反馈"，通常不需要活跃股票投资者参与。

（3）过滤组件。作为算法的后端模型，过滤组件包括相似度度量以及信息匹配等功能，通过 Pearson 相关系数等相似度度量计算，过滤器组件将候选股票的风险等级与股票投资者的兴趣股进行匹配，匹配出"二元相关"和"连续相关"后，生成带有股票投资者兴趣程度的股票推荐列表。

本节算法主要从可描述的股票信息中过滤出结构化的数据。因为股票的非一般特性，其可以进行分析的结构化特征很少。一些非结构化特征并没有真正体现股票交易的实际内涵，而结构化的股票详情则具体说明了本股的各项特征技术指标。通过查阅股票详情，投资者可以对每只股票有基本的了解，股票详情可以比较完整地反映被描述股票的大部分信息。因此，利用基于信息的推荐方法进行股票选股推荐是需要在非结构化的公司详细介绍文件中获取结构化公司数据并进行预测其未来收益能力，然后根据基于信息的推荐方法形成选择列表。基于信息的推荐方法模型的步骤如图 5-2 所示。

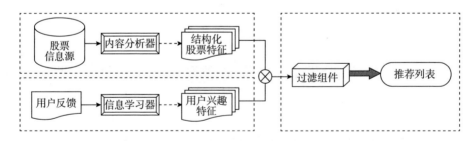

图 5-2　基于内容的推荐算法模型框架流程

资料来源：本书整理。

一、基于细粒度事件结构的股票盈利预估

大量数据研究表明，考虑事件细粒度结构信息有助于基于文本的股票潜力预

估。一个事件由原始文本、粗粒度事件、细粒度事件构成。一家公司的主要事件的事件结构如图5-3所示。

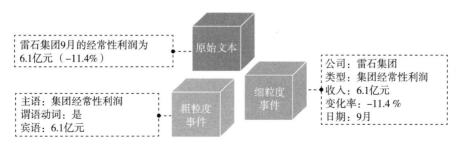

图5-3 一个事件结构

注：同一消息的盈余事件以不同的形式出现。事件结构由事件角色组成，它们是语义信息的关键点。

资料来源：本书整理。

本章提出将细粒度事件信息纳入股票盈利预估。首先，提出了一个结合金融股票知识的专业金融事件字典，并用它来自动从金融评论和金融新闻事件中提取细粒度事件。其次，设计了一个全新神经模型，将金融新闻与细粒度事件的结构和股票交易数据相结合，以预测未来是否具有盈利潜力。此外，为了提高所提出方法的通用性，本书设计了一个更高级模型，该模型使用提取的细粒度事件作为远程监督标签来构建事件提取和股票预测的多任务框架。

股票盈利潜力预估在股票推荐中发挥着重要作用，因此股票盈利的预测引起了金融从业者的广泛关注。近年来，使用股票相关文本（如财经新闻或股票评论）已成为股票盈利预测任务使用的主流方法。在这些基于文本的股票预测工作中，提出了各种方法来从股票相关文本中提取语义信息，以帮助预测股票盈利。主要归纳为两种方法：采用原始文本和从文本中提取粗粒度的<S，P，O>结构（主语、谓语和宾语）。在以往的研究中，后一种方法被证明比前一种方法更强大，这表明包含语义信息的事件结构有助于股票预测是否能盈利。

图5-3显示了一条不同形式的股票公司财报事件新闻：原始文本、粗粒度事件（<S，P，O>）和细粒度事件。本章观察到<S，P，O>方法仍然存在一些问题。首先，<S，P，O>方法只提取主语、谓语和宾语，遗漏了一些重要的事件角色，如收益时间和变化率，这些都包含在细粒度的事件中。此外，对所有事件类型应用<S，P，O>结构会丢失不同类型的金融事件中的特定语义结构。细粒度事

件使用 Type 代替粗粒度事件中使用的 Subject，使用 Value 代替 Object，可以更详细地描述事件角色。在前一天的股票盈利预测中加入细粒度事件文本结构，可描述各种金融事件的具体框架和关键点，事件结构中包含的金融知识有助于理解语义信息。

受自动事件数据生成方法的启发，本章提出由具有专业金融知识的领域专家构建的金融事件词典（FED），用它来自动提取大多数金融文本信息中的细粒度事件。同时，本书设计了两种基于文本数据和股票交易数据的神经模型：股票盈利预估模型（Stock Earnings Estimation Model，SEEM）和多任务股票盈利预估模型（Multi-view Stock Earnings Estimation Model，MSEEM）。SEEM 首先将提取的细粒度事件和新闻文本进行融合，然后在文本数据和股票交易数据之间进行交互后预测。SEEM 优于其他基于文本信息的股票推荐方法，但它几乎无法处理金融事件词典无法识别的金融文本信息。因此，MSEEM 旨在使用细粒度事件作为远程监督标签来学习事件提取。此外，本章在 MSEEM 中联合学习事件提取和股票预测，因为这两个任务高度相关。事件提取结果的优化可以促进新闻理解，促进股票预测；股票预测的输出可以为事件提取提供反馈。因此，联合学习可以在任务之间共享有价值的信息。结果表明，MSEEM 在未发现新闻上的表现优于 SEEM，并提高了该方法的泛化性。这项工作的贡献总结如下：创新性地将细粒度事件纳入了股票走势预测，并且该方法优于所有基线①；联合学习事件提取和股票预测，提高了未发现新闻的方法泛化性；提出了 FED 金融世界词典和一种可以自动从财经新闻中提取细粒度事件的通用方法；提出了分钟级股票交易数据的嵌入方法，并采用时间序列模型来学习其表示。

二、细粒度事件提取

现在很多研究都是直接使用相关原始文本作为股票盈利预测模型的输入。例如，可以采用生成模型将文本数据和股票历史数据结合起来进行预测，并采用情绪分析来帮助决策；还可以使用新闻的摘要而不是新闻标题来预测股票收益。其他一些研究试图使用结构信息来预测股票走势，先从新闻中提取<S，P，O>（主语、谓语和宾语）结构来预测股票走势，然后通过应用事件角色的加权融合和引入实体关系知识，提出了基于<S，P，O>结构的改进方法。

---

① 基线，是指用于比较改进算法性能的系统对照算法。

细粒度的故事系统包括人物类型、故事触发词以及事件角色。以往的工作主要是自动从网站中提取事件的框架或使用预定义的字典来标记事件，然后从金融新闻中提取文档级事件[①]。但是，这些方法只对四种事件类型进行了实验，相比之下本章提出的方法可以适用包含 32 种事件类型的广泛覆盖的字典。

　　细粒度事件是自动提取需要一个事件字典来定义的事件类型。每个事件类型由事件触发词和事件角色组成。触发词包括可能属于该事件类型的股票评论或新闻事件；事件角色是该事件类型语义结构的关键点。但是现阶段没有针对股票相关金融事件的特定事件字典，因此，本书请教了一些领域专家，总结了对股票交易有重大影响的高频金融事件，确定了事件触发词和事件角色。在领域专家的帮助下，本章还为以下事件的提取过程注释了一些辅助信息：事件角色的 POS 标签（词性）、事件类型的依赖关系模式和事件角色的必要/不必要标签。并非所有事件角色都会出现在实例中，变化率和时间也可能不会出现在实例中。本章将包含所有必要角色的新闻视为相关事件的一个实例。

　　标注的金融事件字典（FED）包含八大类 32 小类金融事件，涵盖了盈余、并购、信用评级等与股票盈利能力相关的所有主要金融事件类型。FED 的所有32 种事件类型都显示在表 5-1 中，包括它们的触发词和事件角色。

表 5-1　金融事件字典

类别	事件	触发词	事件角色
事务	公告	公告、宣布	谁、内容、时间
	法律问题	法庭、诉讼、起诉	谁、目标、原因 位置、要求
	人事事务	任命、名称、作为	谁、名称、人
	回收	回收	公司、金额、目标、时间、地点
业务	购买	买	公司、目标、价格、时间
	合作	合作、伙伴、共同	公司、合作方、目标
	交易	订单、交易、贸易	公司、提供方、产品、交易额
	需求/供应	需求、供应	谁、类型、内容、时间
	投资	掌管、负责、投资、投资	公司、目标、资金
	出售	出售、卖	公司、出售额、盈利率、时间、地点

---

① 这里指的是一篇新闻。

续表

类别	事件	触发词	事件角色
企业行动	债券发行	股票发行	公司、时间、类型
	股利	股利、股息	公司、类型、时间
	资金	钱，资金	谁、行动、目标、时间、地点
	IPO	IPO	公司、市场、IBD、价值、时间
	合资企业	合资	公司、目标公司、目标率、时间
	M&A	收购，合并	公司、时间、方法
	股份回购	回购、回购股份	谁、股数、钱
	股份发行	股份发行	谁、钱、目的
	股票分割	股票分割	公司、价格、变动率、时间
	项目与生产	产品、生产、项目	公司、项目/产品、时间
收益	盈利利润	利润、集团收益、收益结果，财务	公司、类型、价值、变化率、时间
	收益调整	收益调整、利润调整	公司、调整前、调整后、原因
	盈利预测	市场预期	公司、价值、变动率、原因、时间
ESG	环境	太阳能、植物	谁、类型、动作、位置
	社会	社会	
	政府	政府	
市场	市场动向	股价下跌、股价上涨、交易	公司、动向
	股东行动	持有人、投资者	公司、动作、原因、时间
其他	商品	石油、煤、气钢、燃料油、铜	商品、市场、前价、后价、变化方向、变化率、时间
	海外	美国、中国、欧盟，亚洲、	地区、动作、时间
比率	经纪人评级	目标价、评级上调……价格、切换……至	评论人、目标价格、指导公司、新旧价格变化率
	信用评级	信用、评级	评论人、新评级、前评级、目标方向

资料来源：本书整理。

事件提取过程有四个步骤，本章从股评和金融新闻事件中提取细粒度的事件结构。

（1）提取辅助信息。本章通过流行的 Standford Core NLP 提取事件文本的辅助信息：POS Tagging（词法信息）和 Dependency Relation（句法信息）。

（2）过滤事件候选。本章通过金融事件词典过滤可能是事件实例的文本信息。文本若包含字典中任何触发词将被视为相关事件的候选。例如，图 5-3 中的文本事件是盈利利润事件的候选，因为它包含了触发词"利润"。

（3）找到事件角色。本章将包含所有必要事件角色的股评和金融新闻视为事件实例。对于触发词驱动的候选事件，本章采用领域专家设置的匹配规则来检查依赖关系和词性信息。首先，本章将候选文本的依赖关系与金融事件词典中该事件类型的预定义依赖关系模式进行匹配，以定位事件角色并检查是否调用了所有必要的事件角色。其次，本章检查所有事件角色的 POS 标签是否与预定义的标签一致。只有满足这两个条件，这个消息才会被认为是一个事件实例，并确定事件角色。

（4）BIO 后处理。步骤（3）的结果是事件角色的标签。由于本章想要获取文本信息中每个单词的事件标签，所以本章使用 BIO 标签标准来规范化标签结果。

在所有步骤之后，本章查看了细粒度的新闻事件，提取结果表明，本章的方法在 21 万条文本样本中覆盖了 71% 的数据，这证明了金融事件词典（FED）方法在本书的实验数据上运行良好。而对于未能结构化的新闻，存在更多成本高、效率低的事件类型，因此本章按照粗粒度事件提取中的方法提取<S，P，O>结构作为替换。

第三节　Stock Earnings Estimation（SEE）模型构建

一、问题表述

给定有 N 个样本的数据集，第 i 个样本$(x^i，y^i，e^i，s^i)$中包含股评及金融新闻文本 x^i、事情发生前一天的股票交易数据 y^i、在上一节中生成的事件角色标签 e^i 和股票盈利能力标签 s^i。$x^i = \{x_1^i，x_2^i，\cdots，x_L^i\}$ 是长度为 L 的单词序列；$e^i = \{e_1^i，e_2^i，\cdots，e_L^i\}$ 是一个标签序列，表示 x 中每个单词的事件角色；$y^i = \{y_1^i，y_2^i，\cdots，y_M^i\}$ 是每个交易分钟的交易记录向量序列，长度为 M；$s^i \in \{0，1\}$ 是股票走势标签，表明股票交易价格在预测时间内是上涨还是下跌。股票盈利预测任务可以定义为对文本信息输入和交易数据输入分配是否盈利的标签。

二、交易数据（Embedding）

在自然语言处理领域，一个重要问题是如何使机器理解人类的语言，由于机器的底层是数学运算，因此需要将自然语言中的词语映射为实数向量，进行抽象表示，从而完成自然语言处理任务。在自然语言中的词语经过处理，转换的结果相对应的矢量就叫作词向量（唐明和朱磊，2016；He et al.，2021；Nr et al.，2021）。

词向量（Distributed Representation）的概念由来已久，最早由 Hinton 于1986年提出，是深度学习模型中一种词语的分布式表达。词向量将自然语言中的词语进行数字化，将词语映射到一个低维的向量空间，从而更好地捕捉到词语的语义信息。词向量的主要优点在于让有一定关系的词语在数学意义上的距离更近，即不同词语之间的距离与相似度大小成反比，如"男人"和"男孩"之间的距离会大大小于"男人"和"汽车"之间的距离，而前者的相似度高于后者。

在本章，需要将股票数据映射到一个低维的向量空间，且与之前大多数方法使用有限的每日股票交易数据（如股票收盘价和每日交易量）不同，本书采用分钟级别的股票数据来描述更详细的股票走势。对于至少发生一笔交易的每一分钟，收集以下项目：①该分钟的第一/最后/最高/最低交易价格；②总交易量/分钟价值；③成交量加权平均成交价。股票交易数据是时间序列数据，因此为了应用强大的时间序列神经模型，本书将原始交易特征转换为嵌入 E_y 的交易数据。使用了以下数据结构：

原始数：第一/最后/最高/最低交易价格、总交易量和交易量加权平均交易价格。

变化率：所有原始数字项与上一分钟相比的变化率。

现在得到每个交易分钟的 12 个特征值。本书将时间步长设置为 10 分钟，将得到交易数据的 Embedding 嵌入 $E_y \in \mathbb{R}^{T \times D_s}$。$T = M/10$ 和 $D_s = 120$。M 是交易分钟的长度。最后，本书对每只股票的样本采用 min-max 尺度方法，并用最后交易的分钟级别数据填充小于 10 分钟的时间步长。

三、SEE 模型结构

股票盈利模型（SEE）的结构如图 5-4 所示。SEE 模型中有四个模块：输入嵌入、单模态信息表示、双模态信息交互和预测模块。

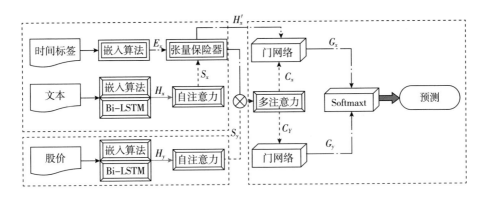

图 5-4 SEE 模型的模型结构

资料来源：本书整理。

在模型中首先将各种输入源（x，y，e）转换为稠密向量；然后通过双向长短期记忆网络（BiLSTM）和自我注意机制获得文本和股票数据的表示；再融合文本和文本事件结构来获取结构感知的文本表示；最后利用共同注意力机制交互文本和股票数据信息以预测股票走势。

1. 输入嵌入

该模块的目的是将各种输入源（x，y，e）转换为稠密向量。对于文本数据 x 中的单词，本书使用单词级预训练嵌入 Word2vec（Rahimpour et al.，2017）来提取其语义信息，得到最终的单词表示 $E_x \in \mathbb{R}^{T \times D_w}$。Word2vec 包含两种模型：连续词袋模型 CBOW 模型（Yevgen et al.，2009）和 Skip-gram 模型（李晓等，2017）。两个模型都包含输入层、投影层与输出层，不同的是 CBOW 模型根据词语 t 上下文的 2n 个词语预测当前词 t；Skip-gram 模型根据词语 t 预测上下文的 2n 个词语。同时 Word2vec 词向量模型使用 Hierarchical Softmax 和负采样技术来加快训练过程。

CBOW 模型和前馈神经网络语言模式很类似，不过和前馈神经网络语言模式不同的地方是，前馈神经网络语言模式具有线性隐藏层，而 CBOW 模式则没有线性隐藏层，而且 CBOW 模式的投影层也能够让所有动词共同利用。在该模式中，以目标词的上下文为基础输入训练模式，来预测目标词。在此过程中每个字词都是平等的，对当前词的影响程度也一样，而不考虑词的出现顺序和与当前目标词之间的关系距离。

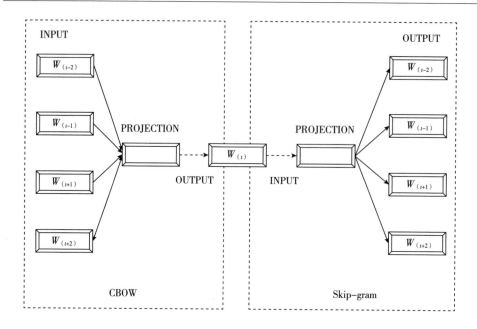

图 5-5　CBOW 模型与 Skip-Gram 模型

资料来源：https：//maxin. blog. csdn. net/article/details/102826675.

Skip-gram 模型通过输入某一中心词来预测其上文和下文其他词，在这一点上，正好与 CBOW 模型是相反的。当输入了某中心词后，可以通过分析估计该词前后范围内的所有其他词。离该词越远，则说明和该词的关系就越小；距离越近，则相关性越大，故在训练过程中，赋值给较远单词的权值较小。

举例来说，假设语料库中有"Down by the Sally Gardens"这句话，CBOW 模型根据上下文预测目标词出现的概率，如给定上下文"Down""by""Sally""Gardens"，该模型的目标是预测"the"出现的概率。对于 Skip-gram 模型，要根据给定的目标词预测上下文，如给定词"Sally"，该模型需要推测出其上下文的词语"Down""by""the""Gardens"。

$$E = P(W_t \mid W_{t-n}, \cdots, W_{t+n}) \tag{5-1}$$

$$E = -\log P(W_{t-n}, \cdots, W_{t+n} \mid W_t) \tag{5-2}$$

其中，W_t 指给定的单词，W_{t-n} 至 W_{t+n} 指给定单词窗口长度为 $2n$ 内的上下文。

本章使用上一节中提出的方法来获得股票交易数据的嵌入 $E_y \in \mathbb{R}^{T \times D_s}$。此外，本章使用随机值初始化的参数矩阵将事件角色标签 e 嵌入稠密向量 $E_e \in$

$\mathbb{R}^{L \times D_e}$。$D_w$、$D_s$、$D_e$ 分别是 word、stock 和 event 角色的嵌入维度。T 是股票时间步长的长度。

2. 单模态信息表示

该模块的目的是独立获取股评金融新闻文本和股票交易数据的高阶表示。主要是使用 BiLSTM 对 E_x 和 E_y 进行信息抽取：

$$H_x = BiLSTM_x(E_x) \tag{5-3}$$

$$H_y = BiLSTM_y(E_y) \tag{5-4}$$

据此，本章可以得到句子文本的高阶表示 $H_x \in \mathbb{R}^{L \times 2h}$，以及每日股票交易数据表示 $H_y \in \mathbb{R}^{T \times 2h}$。$h$ 是 BiLSTM 的隐藏层大小。为了提高模型学习能力，本章对 H_x 和 H_y 应用双线性方法，主要利用 self-attention 机制的特性让 H_x 和 H_y 审视内部并做出自适应的调整。公式如下：

$$W_{SA}^x = soft\max(H_x \cdot W_1 \cdot H_x^T) \tag{5-5}$$

$$S_x = W_{SA}^x \cdot H_x \tag{5-6}$$

$$W_{SA}^y = soft\max(H_y \cdot W_2 \cdot H_y^T) \tag{5-7}$$

$$S_y = W_{SA}^y \cdot H_y \tag{5-8}$$

W_1 和 W_2 是一个可训练的权重矩阵，$S_x \in \mathbb{R}^{L \times 2h}$，$S_y \in \mathbb{R}^{L \times 2h}$。

在基础方法 <S，P，O> 中，事件角色被提取为单独的短语，但是其中一些单词被忽略了并且缺少单词顺序信息。在本章提出的方法中，因为 E_e 与 S_x 类似都包含词级（事件角色）和句子级（BIO 标签）信息，本章将文本表示 S_x 与事件角色表示 E_e 融合在一起，以捕获结构信息并同时保持词序，有助于更高效地捕获信息。这里本章采用融合函数来有效地融合事件结构和文本信息：

$$H'_x = \sigma(W_f[S_x; E_e; S_x - E_e; S_x \circ E_e]) \tag{5-9}$$

其中，W_f 表示张量连接。本章确保 $D_e = 2h$，以便 E_e 与 S_x 具有相同的维度。$\circ$ 表示元素乘法，σ 是激活函数。$H'_x \in \mathbb{R}^{L \times 2h}$ 是结构感知的文本表示。

3. 双模态信息交互

本章进行了两种模式信息的交互：文本模式的股评金融事件信息和数字模式的股票交易数据。这两种不同的模态信息高度相关：股评金融事件代表环境变量，股票交易数据代表历史运动，它们之间的相互作用可以使模型更好地预测股票走势。本章使用 co-attention 来交互双模态信息：$H'_x = \{h_x^{'1}, h_x^{'2}, \cdots, h_x^{'L}\}$ 和 $S_y = \{s_y^1, s_y^2, \cdots, s_y^L\}$。其中注意力权重由以下公式计算：

$$f_{att}(i, j) = RELU(h_x^{'iT} \cdot W_3 \cdot s_y^j) \tag{5-10}$$

W_3 是一个可训练的权重矩阵。本章使用 softmax 函数来归一化注意力权重：

$$\alpha_{ij} = \frac{e^{f_{att}(i,\,j)}}{\sum\limits_{k=1}^{T} e^{f_{att}(i,\,k)}} \qquad (5-11)$$

$$\beta_{ij} = \frac{e^{f_{att}(i,\,j)}}{\sum\limits_{t=1}^{L} e^{f_{att}(t,\,j)}} \qquad (5-12)$$

最后本章得到增强的表示：

$$c_x^i = \sum_{j=1}^{T} \alpha_{ij} s_y^j \qquad (5-13)$$

$$c_y^i = \sum_{i=1}^{L} \beta_{ij} h_x^{'i} \qquad (5-14)$$

本章基于对另一个模态信息的 atention 来得到重构的表示 $C_x = \{c_x^1,\ c_x^2,\ \cdots,\ c_x^L\}$ 和 $C_y = \{c_y^1,\ c_y^2,\ \cdots,\ c_y^L\}$。本章使用门控机制来合并原始表示和相应的注意力结果：

$$G_x = g(H'_x, C_x) \cdot C_x + [1 - g(H'_x, C_x)] \cdot H'_x \qquad (5-15)$$

$$G_y = g(S_y, C_y) \cdot C_y + [1 - g(S_y, C_y)] \cdot S_y S_y \qquad (5-16)$$

其中，$g(\cdot)$ 是门控函数，本章在实验中使用 sigmod 激活函数。

4. 模型预测

在这个模块中，本章连接 G_x 和 G_y 并预测股票盈利概率 $\hat{p}$：

$$\hat{p}(s \mid x,\ y,\ e) = soft\max(W_p[G_x;G_y] + b_p) \qquad (5-17)$$

四、Multi-view Stock Earnings Estimation（MSEE）模型

由于没有提供细粒度的事件结构信息，SEE 模型几乎无法处理"金融事件词典"无法识别的未知类型文本。多任务结构化股票预测模型（MSEE 模型）旨在通过事件抽取模块中生成的结构化事件 e 作为远程监督标签训练事件提取器来处理未知类型文本问题。此外，本书设计了一个多任务框架来联合学习事件提取和股票预测，因为这两个任务高度相关。事件提取结果的质量直接影响下游股票预测任务。同时，股票预测的结果可以为事件提取提供有价值的反馈。多任务框架可以共享有用的信息并在任务之间进行有效的交互。MSEE 模型的结构如图 5-6 所示。虚线的上半部分代表事件提取部分。本书将事件提取任务视为序列标记任

务，并采用自我参与的 BiLSTM-CRF（条件随机场）方法进行标记决策。下半部分代表股票走势预测部分，其工作方式与 SEE 模型类似。

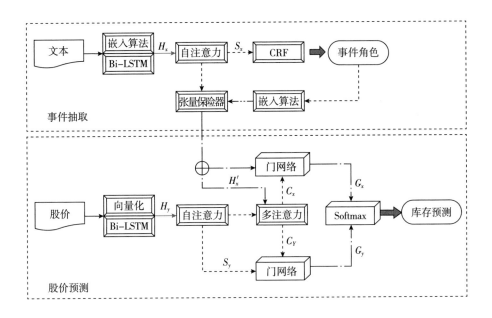

图 5-6　MSEE 模型的结构

资料来源：本书整理。

1. 事件提取

在获得文本词嵌入 E_x 后，使用 BiLSTM 来获得句子表示 H_x，然后使用 self-attention 来学习更好的表示 S_x，最后预测事件标签并使用条件随机场 CRF 来优化输出：

$$\hat{e} = soft\max(W_l S_x + b_l) \tag{5-18}$$

$$\hat{e}' = CRF(\hat{e}) \tag{5-19}$$

其中，$\hat{e}'$ 是事件角色的预估。采用 SEE 模型中介绍的方法从 $\hat{e}'$ 中得到事件角色嵌入 E_e，并采用 SEE 模型中使用的张量融合函数得到结构感知文本表示 H'_x。

2. 股票预测

股票走势预测过程与 SEE 模型类似，主要区别在于事件输入 E_e 是从上一步的事件提取器预测得到的。股票交易数据表示 S_y 的抽取方式与 SEE 模型相同。本书使用共同注意来交互 H'_x 和 S_y，使用门控机制以及 softmax 函数来预测股票

走势标签 $\hat{s}$。

3. 多任务学习目标

MSEE 模型的损失函数由两部分组成，分别是事件提取的负对数损失和股票预测的对数损失：

$$L_e = -\sum_t e_t \log p(e_t \mid x), \quad t = [1, 2, \cdots, L] \tag{5-20}$$

$$L_s = -s\log p(s \mid x, y) \tag{5-21}$$

选择这两个损失的加权和作为 MSEE 模型的最终损失：

$$Loss = \lambda L_e / L + (1-\lambda) L_s \tag{5-22}$$

其中，λ 是平衡两个损失的超参数。L_e 除以字数 L，以确保它与 L_s 具有可比性。大量的实验结果表明，当 $\lambda = 0.43$ 时，模型在验证集上的表现最好。

第四节　基于内容的股票推荐算法实现

一、数据准备与预处理

1. 数据采集

在大数据时代，数据收集是实现数据挖掘的先决条件。本书的实验数据均来自专业财经提供商"同花顺"软件。本书收集了 2015～2021 年与我国 3260 只 A 股股票相关的财经新闻，涉及的板块类别分别有创业板综、次新股、北京冬奥、北京板块、半导体、大飞机、材料行业、氮化镓、电商概念、5G 概念等众多门类，股票信息主要包括公司介绍、股票评论和财经新闻等内容。以不同的方式收集交易时间（交易日为 9：00 至 15：00）发生的新闻的股票交易数据。对于那些在交易时间发生的新闻，本书从上午 9：00 到新闻发生前的最后一分钟收集交易数据。对于那些在交易时间以外发生的消息，本书会收集最后一个交易日的交易数据。本书希望确保新闻发生后的交易数据不包含在输入中，即未来市场反应不会泄露给模型。本书最终获得了大约 420k 的数据样本。每一板块包含的个股数量如表 5-2 所示，部分股票评论的文本数据如图 5-7 所示。

表5-2 板块类别及包括的个股数量

编号	板块	数量（只）	编号	板块	数量（只）	编号	板块	数量（只）
1	创业板综	182	16	材料行业	60	31	百度概念	67
2	次新股	97	17	5G概念	84	32	医疗美容	64
3	工程机械	32	18	风能	40	33	农牧饲鱼	72
4	广东板块	88	19	华为概念	60	34	磁悬浮概念	24
5	北京冬奥	18	20	病毒防治	40	35	酿酒行业	25
6	玻璃陶瓷	43	21	钢铁	27	36	食品饮料	55
7	长江三角	124	22	人工智能	76	37	化妆品概念	43
8	北京板块	37	23	军工	147	38	乳业	54
9	半导体概念	73	24	公用事业	51	39	3D打印	37
10	航天概念	71	25	电子	137	40	边缘计算	86
11	电商概念	121	26	阿里概念	62	41	北斗导航	75
12	大飞机	98	27	绿色电力	97	42	充电桩	104
13	大数据	130	28	富时罗素	208	43	地摊经济	49
14	环保	55	29	宠物经济	39			
15	国产芯片	115	30	参股保险	93			

资料来源：本书整理。

代码	名称	公司介绍关键词	评论（部分）
300285	国瓷材料	要点1：所属板块3D打印	嘻哈板哥09-16 22:432333大神们，这只股什么价位能上呢
300284	苏交科	要点1：所属板块PPP模式	全股友7M1ttF09-17 17:102792技术上有可能在这里形成一个阶段性的低点，但技术形态
002651	利君股份	要点1：所属板块成渝特区	懂得赚钱的大鲤鱼09-17 12:141190跌！跌！跌！GT50我来啦
002648	卫星石化	要点1：所属板块MSCI中国	股友68T81957k609-18 08:211620双顶下跌言行不一不要炒股
002643	万润股份	要点1：所属板块OLED	一路高歌的面具09-17 21:061741化工调整，这货直奔18去
002641	永高股份	要点1：所属板块富时罗素	粟密弥09-17 14:141420长期对手中筹码不珍惜的，还得跌。会创新低
002636	金安国纪	要点1：所属板块PCB	股友pa6858986909-17 19:598976主力庄家股份了，算你狠，我16元多的成本终于被你砸破
002635	安洁科技	要点1：所属板块5G概念	与庄共舞——09-17 15:421721不着急，22号和23号再补仓
002625	光启技术	要点1：所属板块MSCI中国	潜力无限sc09-19 06:34445456光启超材料业务正在快速成长
300274	阳光电源	要点1：所属板块2025规划	股友g96N89523609-18 16:172062现在这是连尾盘都懒得拉了嘛，就是一个字，杀[大笑]
002626	金达威	要点1：所属板块MSCI中国	八千世界09-17 21:262641到底了，三个月目标90元

图5-7 部分股票文本数据

资料来源：本书整理。

本章最终获得了大约21万条的数据样本。股票走势分为两类：股票上涨和股票下跌。在本书的数据集中，股票涨跌率分别为45%和55%。为了消除宏观新闻的影响，本章采用上证股价指数来修正股票走势。对于那些交易时间的样本，本章将股票收盘价与最新消息发生的价格进行比较；对于那些超出交易时间的样本，将下一个交易日的开盘价与上一个交易日的收盘价进行比较。

本章只使用微观新闻（特定股票相关新闻）而忽略宏观新闻，因此本章使用股票相关的上证板块指数来修正股票变化率：

$$R_f = R_{cmp} - R_{sec} \qquad\qquad (5\text{-}23)$$

其中，R_f 表示最终变化率；R_{cmp} 表示原始公司股票变化率，R_{sec} 表示股票相关行业指数变化率。例如，对于贵州茅台的股票走势，本书使用贵州茅台所属的上证指数进行修正，然后根据 R_f 是正或负，给样本一个上涨或下跌标签。

在实验中，保留 1 万条样本用于验证和 1 万条样本用于测试。训练集中的样本在有效集和测试集中的样本之前，以避免可能造成的信息泄露。把其余 19 万条样本全部用于训练 SEE 模型，而这 19 万条样本中仅金融事件字典覆盖部分（约 70%）可以用于训练 MSEE 模型以获得高质量的事件提取器。本书在验证集上调整模型超参数，在测试集上测试模型效果。评估指标是准确性和马修斯相关系数（Matthews Correlation Coefficient，MCC）。MCC 常用于股票预测，因为它可以克服数据不平衡问题。

2. 数据预处理

数据预处理流程，主要是根据所采集的原始股票文本数据，进行抽丝剥茧。

以财经新闻原始数据举例来说，它包含新闻标题和正文，本书仅使用标题，因为标题包含最有价值的信息，并且比新闻正文"噪声"更小。本书将上午9：10 之前的新闻视为停市新闻，以避免没有输入交易数据。本书也不使用连续几天都发生新闻的股票，因为同一股票连续几天发生新闻的情况非常稀疏。这项工作每日都要进行，因为股票走势对每日股票交易数据最为敏感，并且客户通常使用每日股票数据来评估股票的表现。本书还观察到，一条新闻可能不只与一只股票相关，因此本书将这类新闻与每只相关股票进行匹配，得到多条样本。对于同一只股票在一个交易日内出现多条新闻的情况，在所有数据样本中所占比例很小（1.4%），本书将所有新闻连接在一起作为输入。

根据所收集的中国股票历史文本资料，还可以计算中文分词、过去停用词等。因为汉语与英文写作方法有所不同，汉语的单词和词间没有明确的空格可以直接划分，而且单词前后衔接方法的差异容易形成意义不同的单词，所以必须根据查阅股票的有关文章进行分词处理，将文本合理分解为词语。

和其他常用词一样，停用词也含有某些标点符号、虚词、数字等无实际意义的词，例如"又""的""了"等，但这些词在正常股票文字表达中具有衔接、语气加强等功能，在正常文字理解过程中则没有实际意义，因此需要将其去掉。预处理后的部分股票公司介绍关键词见图5-8。

代码	名称	公司介绍关键词
301039	中集车辆	开发 生产 技术 专用 立品 加工 制造 业务 咨询 管理 企业
300900	广联航空	概念 设备 系统 开发 生产 技术 服务 制品 加工 设计 制造 许可 涉及 租赁
003013	地铁设计	工程 设计 服务 建筑 系统 设备 技术 生产
003012	东鹏控股	生立 制品 产品 用品 建筑 材料 服务 开发 涉及 许可 管理 数据 业务 电子
300999	金龙鱼	概念 食品 产品 加工 材料 技术 批发 代理 投资 依法 企业 服务 设备
300896	爱美客	概念 医疗 器械 制品 技术 开发 生产 货物 代理 企业 管理 咨询 服务 批发
003009	中天火箭	概念 材料 服务 产品 生产 许可 制造 制品 加工 设备 计算机 系统 电子
003006	百亚股份	概念 生产 依法 许可 批准

图5-8　预处理后的部分股票公司介绍关键词

资料来源：本书整理。

二、推荐算法实现步骤

1. 股票文本关键词提取与Word2vec词向量训练

对收集的文本数据x进行预处理后，为将各种输入源（x，y，e）转换为稠密向量。对于文本数据x中的单词，本书使用单词级预训练嵌入Word2vec（Jaffry et al.，2019），尽可能全面地挖掘股票文本中的语义信息。

通过Word2vec的练习词矢量，Word2vec的CBOW模式和Skip-gram模式都有两套架构：通过Hierarchical Softmax和通过Negative Sampling的两套架构。通过Negative Sampling可以在提高练习效率的同时提高单词矢量的练习效率。训练参数如表5-3所示。

表5-3　词矢量的训练参数

训练模块	具体参数
训练语料	维基百科

续表

训练模块	具体参数
语料库大小	1.3G
词汇数量	2129K
向量维度	300
分词工具	Jieba 分词
训练工具	Gensim 的 Word2vec
动态窗口	窗口大小 5　最小词频 10　迭代次数 5

资料来源：本书整理。

2. 股票盈利建模

（1）SEE 模型股票盈利预测筛选示例。以股票"九强生物"为例，利用文本数据和股票交易数据通过 SEE 模型对股票的数据进行盈利预测计算，计算完成后得到股票"九强生物"基于 SEE 模型的盈利（上涨）概率 0.6924。对所有等待推荐的股票经过同样的模型计算后都可以得出它们的盈利概率，如表 5-4 所示。

表 5-4　股票盈利概率

股票	盈利概率
九强生物	0.6924
寒武纪	0.1324
南新制药	0.7892
国电南瑞	0.7328
万科 A	0.5237
天铁股份	0.7632
科创新源	0.0229
皇马科技	0.5237
德美化工	0.7632
瑞丰高材	0.4298
华软科技	0.1278
震安科技	0.2356
中欣氟材	0.6223

股票	盈利概率
普利特	0.1234
晶华新材	0.0975
安迪苏	0.1234
……	……

资料来源：本书整理。

而后，筛选出股票池中盈利（上涨）概率最高的 n 只股票作为候选股票，n 为推荐的超参数，如表 5-5 所示。

表 5-5　候选股票

股票	盈利概率
南新制药	0.7892
天铁股份	0.7632
德美化工	0.7632
国电南瑞	0.7328
中欣氟材	0.6223
万科 A	0.5237
皇马科技	0.5237
……	……

资料来源：本书整理。

（2）MSEE 模型股票盈利预测筛选示例。同 SEE 模型类似，进行模型预测股票盈利概率和筛选候选股票后同样可得到股票推荐的候选集。但 MSEE 模型的使用范围更加广泛，对金融事件词典中不存在的文本事件信息也可以进行加工利用。

3. 根据用户画像进行推荐

从第三章投资者用户画像所得标签体系出发，利用用户风险接受程度和候选盈利股票的风险程度进行匹配，挑选出符合用户偏好的盈利股票，构成股票最后的推荐列表。

图5-9 画像推荐

资料来源：本书整理。

三、实验结果分析

1. 模型效果对比

本书将提供的股票收益分析工具与以下指标进行对比，验证本书提供的工具的有效性与先进性。

（1）Bagging决策树：该方法采用Bagging Ensemble算法结合20个决策树分类器进行预测，它优于本书尝试过的所有其他传统机器学习方法。

（2）情绪分析法：这种方法对股评文本进行情绪分析以预测股票走势。

（3）Triple Structure：该方法采用<S，P，O>来表示事件结构。

（4）加权Triple Structure：该方法（Ding et al.，2015）在<S，P，O>中添加可训练的权重矩阵以增强拟合能力。

实验结果展示如表5-6所示，分为三个部分：Bagging决策树和情绪分析法直接使用文本作为模型输入，但这两种方法完全忽略了文本的结构信息。Triple Structure和加权Triple Structure考虑了结构信息，它们虽然考虑了所有事件类型中的<S，P，O>事件角色，但是遗漏了一些重要的事件角色并且以非常粗略的方式描述事件角色，而且词序信息也是缺失的。SEE模型和MSEE模型优于其他方法，本书提出的方法在股票盈利预测中结合了细粒度的事件结构，可以为不同类型的股票评论和金融新闻事件提取特定的细粒度事件结构。同时，SEE模型和MSEE模型通过张量融合保持了原来的词序；而且它们对分钟级股票交易数据应用股票数据嵌入方法，并在股票数据和文本数据之间进行交互。SEE模型的效果比MSEE模型好一点，因为SEE模型采用了更多的数据进行训练，MSEE模型事件提取的学习并不完美。

表5-6 推荐方法结果对比

股票推荐方法	是否使用文本事件结构	ACC	MCC
Bagging 决策树	否	0.5492	0.0962
情绪分析法	否	0.6287	0.2531
Triple Structure	粗粒度结构	0.6325	0.2704
加权 Triple Structure	粗粒度结构	0.6359	0.2698
SEEM	细粒度结构	0.6571	0.3156
MSEEM	细粒度结构	0.6627	0.3301

资料来源：本书整理。

2. 事件结构的影响

为分析不同事件结构对基于文本的股票推荐算法的影响，本书基于 SEE 模型进行实验，并改变不同的文本输入形式来检查事件结构的影响。本书为 SEE 模型设计了四种不同的文本输入形式：①No Text 方法不使用文本信息作为输入，完全依赖交易数据来预测股票走势；②No Event 将原始文本数据作为模型输入，并从SEEM 模型中移除事件输入结构；③粗粒度结构采用粗粒度事件结构<S，P，O>作为 SEEM 模型的事件输入；④细粒度事件是利用特定类别细粒度事件作为模型输入的方法。结果如表5-7所示，本书发现，所有添加文本输入的方法都优于无文本方法，这证明了文本数据对股票推荐有正向影响。粗粒度和细粒度结构都为预测结果带来了改进，这表明事件结构非常有用。此外，细粒度结构方法所带来的改进效果比粗粒度结构方法带来的改进效果要好，这表明利用细粒度结构方法更有助于模型理解文本的语义信息。

表5-7 不同文本输入形式效果对比

文本输入形式	ACC	MCC
无文本	0.5823	0.1620
有文本无事件结构	0.6297	0.2465
粗粒度结构	0.6461	0.2918
细粒度结构	0.6627	0.3301

资料来源：本书整理。

3. 消融实验

为研究模型中各部分的效果，本章开展了消融试验，删除了 SEE 模型和

MSEE 模型的不同组件以验证它们的效果。本书发现，模型性在所有消融实验中都按预期下降。融合函数、注意力机制（自我注意力和共同注意力）和门控机制对 SEE 模型和 MSEE 模型都有帮助。本书还观察到，在 SEE 模型（ACC 下降 1.5%）和 MSEE 模型（ACC 下降 1.1%）中去除融合函数（改用直接相加）后明显下降，这表明融合函数对结合事件结构和文本数据有效。此外，文本数据和股票交易数据之间的共同注意力在这两种模型中也起着重要作用。

四、股票推荐结果分析

以 ID 为 3 的股票为例，在同一板块中找到最为相近的 10 只股票并对其接下来近一个月的股票走势进行追踪，结果如图 5-10 所示。

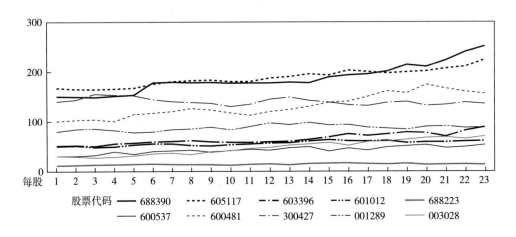

图 5-10　推荐股票股价走势

资料来源：本书整理。

股票投资者在研究股票时往往首先重点关注股票价格的波动信息，而在一定模式下的股票市场中，股票价格走势总会反映出很多有价值的信息，企业的投资价值在一定程度上会影响股票价格的走势，但主要还是受投资者主体的影响。因此为综合评估推荐子算法的有效性，通过选取根据用户信息所推荐的前 10 只股票，观察其在未来将近一个月内的走势图，发现股票总体呈上升态势，模型推荐情况良好。

第五节　本章小结

　　本章主要研究了基于内容的股票推荐算法原理，首先构建了基于内容的股票推荐算法模型原理；其次建立了文本数据的金融事件词典，在此基础上提出了基于结构化信息股票盈利预估模型和多任务股票盈利预估模型，进而进行股票盈利计算及结合用户画像筛选符合用户偏好的股票；最后实现了基于内容的股票推荐子算法，研究内容涵盖数据采集、建模过程及实验结果，通过对比实验证明了子算法的有效性。

第六章　基于深度协同过滤的
股票推荐模型构建

现阶段股票推荐领域中，关于个性化推荐的研究几乎都处在起步阶段，因此本章基于深度协同的股票推荐模型将在近邻协同过滤算法的基础上，先分别把投资者的投资目标以及过程分解开来，解析出合理的配置方案；再结合用户偏好模糊聚类算法得出优化后的基于用户偏好的多阶段股票优化配置模型；最后结合深度学习算法优化近邻协同过滤推荐算法，生成个性化股票推荐列表，并与多阶段股票匹配结果取交，生成最终推荐列表。

第一节　引言

在当今的股票推荐行业中，标准化的方法还很少，通常可看到的都是那些比较典型的非标准化推荐方法，如根据消息面的非个性化推荐方法（Lee et al.，2014），即由某些有关专家在甄别金融信息以后，运用自身的知识，评估出股市的涨跌状况然后推荐给投资者某些优势股票。但这些根据消息面的推荐方法都存在着很大的局限。首先，这些方法主要取决于个人的判断，就算是某些专家也会受到个人的情感控制，主观意识太强会影响推荐结果；其次，由于信息来源的五花八门，如果有金融机构或是投资者将自己所编造的错误消息告知专家，就可能造成推荐的效果失真。针对性介绍通常是指根据客户的背景情况和个性偏好，对客户的性格建模，进而针对客户的偏好加以介绍，不过因为客户投资活动的特点（马超，2017），难以捉摸到客户的个性偏好，从而根据客户个性偏好进行介绍股票是相当困难的。

近邻协同过滤（Kim et al.，2004）作为最早的为协同过滤而开发的推荐算法之一，所依据的是相同的项目往往获得相同的评分这一事实，该方法包括根据客户和根据产品的协同过滤推荐方法两种基本类型。根据客户的协同过滤通过数据分析历史购物、使用、评价等数据，借助客户相似产品的过去打分对未与客户发生过所有互动性行为的产品予以打分。对比以下，对于选择一款产品，根据产品的协同过滤推荐方法（Mueller & Stumme，2016）首先就必须界定某个产品池，并要求产品池内的产品必须与待推产品保持较高的相似程度，进而采用加权平均数的方法对未与其他用户发生过互动性行为的产品用户评价进行估算。特别地，基于客户或基于产品的协同过滤算法（Wang et al.，2016）之间的区别，只在于确定最近邻域时用的是用户相似性还是产品相似性。

近邻匹配协同过滤推荐方法是一种典型的推荐方法，目前已因其简洁直接、易于应用与测试、可解释性较强和推荐结果较为平稳等优点主要被广泛应用于各大电子商务网站（如亚马逊、京东等）。近邻匹配协同过滤推荐方法的主要优点如下：

（1）推荐任意类型的资源。由于近邻协同过滤推荐技术事实上是从消费者历史数据中所抓取的个人喜好，并把满足该喜好的商品列表呈现给使用者（Ben-Nasr et al.，2015），因此其与基于内容的推荐技术存在一定的差异，对产品内容的需求较低，这就使近邻协同过滤技术在推荐非结构化资源（如音频、视频等）时表现更好，为其应用于股票智能推荐提供了可能。

（2）推荐结果更加新颖。推荐结果的新颖性可以用来评价在算法所产生的商品列表中使用先前没有消费或者先前没有知晓的商品。诸多类型的推荐方法（如根据信息和基于模型的选择方法等），比较偏向于客户明显感兴趣的（客户的历史），不利于进一步提升客户转换率（Wei et al.，2017）；而对近邻产品协同过滤的研究将不仅仅着眼于与目标产品信息内容相关的历史喜好范畴，还可以挖掘出目标客户的特殊偏好，从而带来令客户意想不到的推荐。

（3）个人信息安全性更高。个人股票投资往往涉及金额巨大，个人信息的安全性也随之受到威胁。近邻协同过滤推荐方法的数据信息资源通常是客户在注册、登录以及选择产品后所产生的诸如打分和评价等的活动内容，而不会影响到对客户自身基本信息的收集与使用（如根据人群统计分析的选择方法等），因此数据信息稳定性相对较高（Gleich，2015）。

然而，近邻协同过滤算法针对评分矩阵在面对新股票投资者、新股票和新系统时，由于没有大量的已知数据进行样本训练，进而导致特征提取比较困难，出现推荐精度不高的现象。为提升传统近邻协同过滤推荐算法在股票智能推荐中的性能表现，首先，本书利用深度学习技术对近邻协同过滤推荐算法进行改进，提出了一种可应用于股票智能推荐的新推荐算法。该算法对投资者的投资目标和投资过程进行分解，并将用户股票检索过程形式化（Crane et al.，2016）。其次，本书基于分析所得的用户偏好（风险偏好、行业偏好、地域偏好、投资者能力和行为特征五个阶段）对候选股票池中的海量股票进行模糊聚类，生成股票推荐候选集合。最后，在 FCM 模糊聚类结果及投资者历史投资数据基础之上，本书应用一种基于用户偏好的股票优化配置模型，最终股票推荐结果为模糊聚类股票集合与协同过滤推荐集合的交集。

基于深度协同的股票推荐算法是在近邻协同过滤算法的基础上，先分别把投资者的投资目标以及过程分解开来，解析出合理的配置方案；然后结合用户偏好模糊聚类算法得出优化后的基于用户偏好的多阶段股票优化配置模型；最后，结合深度学习算法优化近邻协同过滤推荐算法，生成个性化股票推荐列表，并与多阶段股票匹配结果取交，生成最终推荐列表。基于深度协同的股票推荐算法框架如图 6-1 所示。

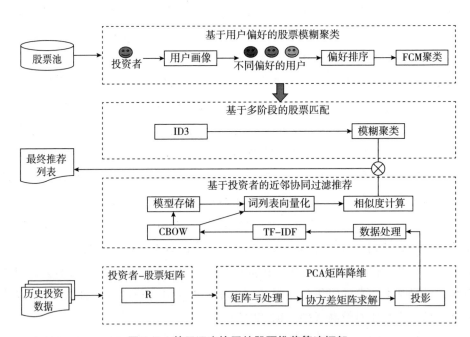

图 6-1　基于深度协同的股票推荐算法框架

资料来源：本书整理。

第二节　股票投资者的股票智能选择

一、股票检索问题形式化描述

市场上有成千上万种股票，任何一位投资者即使有雄厚的资金，也不可能同时购买市场上的所有股票。如何选择风险小、收益大的股票进行投资，实在是一件难事。对于资金不多的小额投资者而言，在眼花缭乱的大量股票中选择好投资对象，就更为不易。正因如此，便有"选股如选美"的感叹。但是，选股并非毫无策略可言，其具体形式化描述可见图6-2。

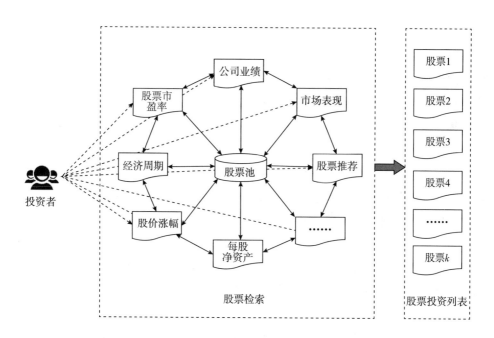

图6-2　投资者股票检索形式

资料来源：本书整理。

1. 基于公司业绩选股

股价与内在价值的关系就像主人与宠物的关系，无论股价脱离内在价值有多远，最终都会回到内在价值附近。而内在价值是指以现在货币衡量的企业未来所能赚到的现金流合计值，公司未来能赚多少钱通过业绩体现，因此从长期来看，股票涨跌与业绩密切相关，是投资者选股的重要因素之一。

2. 基于经济周期选股

在市场经济周期影响下，不同企业的股票市场表现有很多不同：部分企业极易受到市场经济周期的影响，在市场经济良好之时，企业的经营状况也会跟着受益；而在市场经济不景气时，企业的各项业务也会受到打击。但是，有一类企业不会受到市场经济的影响：兴盛期间，此类公司业绩没有明显提高，衰落期间也没有明显下降，甚至有可能更好。所以，当经济繁荣时候，投资者倾向于购买前一种股票；而当经济萧条或不景气时候，倾向于购买后一种股票。

3. 基于每股净资产值选股

每股净资产值是企业股价的"含金量"体现，它既是股价的内部利益，又是企业即期负债里边所有者的"实在"利益，因此成为企业操纵股价变化的一种手段。通常情形下，每股净资产值必须小于其对应的净资产，但同时每股净资产值也必须小于股本市值。由于市价受投资者期望的影响，所以会有所虚高。当各股市价平稳时，各股净资产值通常都会反映出对本股的投资价值，净资产值高代表长期投资价值高，而投资者通常也会选择股价小于净资产值的公司股票，或是市价和净资产值均降低的公司股票。

4. 基于个人情况选股

在很大程度上，股票投资者总会主观偏好投资某类股票。这可能是因为投资者比较熟悉股票对应企业的业务，或者擅长预测该类股票的趋势等。当投资者结合自身情况选股时，需要综合考虑自身能力，例如可支配资金、风险承受能力、心理与生理承受能力、股票操作可用时间以及掌握的知识等。当可支配资金不充裕时，尽量不要选择大规模投资；风险以及心理与生理承受能力差的投资者不要选择价格波动大的股票；掌握的知识不充裕时，不要盲目投资。

5. 基于股票的市场表现选股

股票的市场表现多由股票净资产价值决定，但事无绝对，即使某些股票的净资产价值很高，但是其市价也会因其他因素干扰而变幻莫测；即便是净资产价值相近的股票，其市价表现也会有很大差距。所以，对于短线投资者来说，选股的重要依据应该由股票短期内市价波动范围和上升空间决定。因为波动大、空间大的股票往往意味着短期内获利可以更大。

6. 基于股票市盈率选股

股票价格的市盈率属于一个指数，短线交易者能够据此看出股价的波动，而长线交易者则能够据此判断出股票投资的翻本期。在一般情形下应当挑选低于市盈率的股票，而如果股票的市盈率一直偏低就不一定可以选择，也意味着许多投资者并不看好这一只股票。由于大众选择主导市场，所以这类长期低市盈率的股票的市价也就很难有所上升。目前，针对市盈率选择股票并没有一定的标准，但是就我国目前市场经济状况来说，市盈率在 20% 左右较好。

7. 基于股价涨幅超前与否进行选股

通常一家公司中最好的两三只公司股票都有强劲的发展势头，而其余的公司股票却步履维艰。因此前者也可以被称为"领导股"。"领导股"也就是涨幅超前股，是投资者应考虑的目标。常常采用股市相对价格强度测定法来挖掘"领导股"，而"相对价格强度＝某股特定时间内涨价幅度/同期的股价指数或另一股涨价幅度"。在通常情形下，80% 以上的相对价值强度的股票，都具有较好的长期投资价值。

8. 基于平台股票推荐选股

金融市场上的投资者在面临海量的股票数据时，几乎不能够从这些信息中提取关键信号加以运用，更无法从股票市场中获取合理的资产增值利润。目前，基于股票推荐进行选股是一种较为常见的方法：采集股票交易市场的实时交易数据、新闻信息以及舆论导向信息等多项关键指标，结合投资者的风险偏好，为投资者提供投资参考。投资者可以通过平台进行智能选股、智能诊股和智能复盘。

二、基于用户偏好的股票模糊聚类

在第三章股票投资者用户画像的构建中，本书已从投资能力、行为特征、行业偏好、地域偏好和风险偏好五个维度对用户进行画像，为进一步对现有股票检索模式进行优化、提升股票选择的智能化程度，本章提出了一种基于用户偏好的股票模糊聚类方法，该方法具体流程如图 6-3 所示。

1. 用户画像

传统的用户画像针对的是普通产品用户，而投资者画像的研究对象是投资者。因此，本书在第三章中提出了一种"用户画像模型"，将投资者实现标签化，生成可以表示投资者的虚拟标签体系。通过实际用户画像分析，本章提出了包含投资者能力、行为特征、行业偏好、地域偏好和风险偏好共计五个标签的标

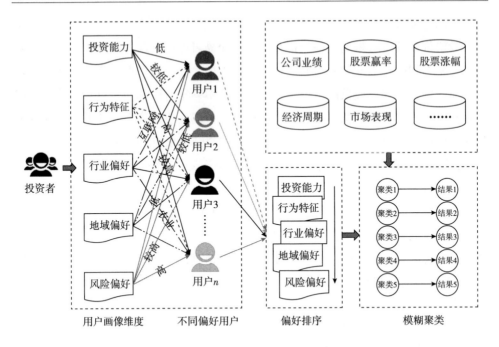

图6-3 基于用户偏好的模糊聚类流程

资料来源：本书整理。

签体系来对投资者进行画像。其中，投资能力标签包括盈利能力（权重 = 0.6995）、选择能力（权重 = 0.02505）、投资年限（权重 = 0.0313）、总体决策能力（权重 = 0.0626）、风险控制能力（权重 = 0.06805）和流动性控制能力（权重 = 0.06675）。行为特征标签包括交易特性（权重 = 0.0217）、操作频率（权重 = 0.09765）、持股集中度（权重 = 0.06525）和持股变动频率（权重 = 0.0523）。行业偏好标签包括品种选择（权重 = 0.0439）、个股选择（权重 = 0.02585）、所在行业（权重 = 0.01055）和新兴行业（权重 = 0.0043）。地域偏好标签包括所在地区（权重 = 0.00785）、交易地区（权重 = 0.04775）、籍贯（权重 = 0.08185）和区域经济水平（权重 = 0.02455）。风险偏好标签包括交易时机（权重 = 0.02155）、换手率（权重 = 0.03825）、投资组合（权重 = 0.04535）和仓位状况（权重 = 0.0472）。

2. 用户偏好维度排序

从投资者群体画像的标签结构上来看，通过对各标签取值层次进行细分并加以离散化管理，对投资者群体进行分群。不同分群中的投资者投资喜好差别很大，但同一分群中的投资者投资喜好却比较接近。具体来说，先利用三级指标权重计算各投资者的五个二级指标值，然后对二级指标值进行离散化处理，并按指标值分别对投资者进行分组。

3. 股票可量化特征数据采集

针对投资者画像标签体系中的不同标签，设计可用于量化股票的相关数据特征，以便于后续按投资者偏好对股票进行模糊聚类。例如，投资者 A 对行业偏好标签的偏好程度最高且通过投资者画像分析得出其对半导体板块的股票极其偏爱，因此便可收集股票所属行业等可量化特征并按投资者偏好赋予其对应权重，以便后续对股票进行分类管理。为此，本章设计了如图 6-4 所示的指标体系，该指标体系包含一般指标和前景指标两大部分。

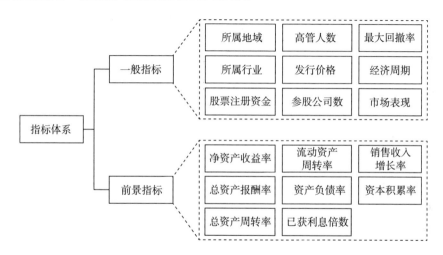

图 6-4 FCM 股票模糊聚类指标体系

资料来源：本书整理。

如图 6-4 所示，用来对股票价格数据进行 FCM 模糊聚类的指数包括一般指数和前景指数两种共 17 个指数，其中一般指数包括所属地域、所属行业、高管人数、发行价格、股票注册资金、参股公司数、市场表现、经济周期、最大回撤率 9 个指标；前景指标包括净资产收益率、总资产报酬率、总资产周转率、流动资产周转率、资产负债率、已获利息倍数、销售收入增长率和资本积累率 8 个指标。受限于文章篇幅，本章仅对一般指标中的股票最大回撤率、经济周期和市场表现指标以及前景指标中的资产负债率、销售收入增长率和净资产收益率指标共 6 个指标进行简要说明。

（1）股票最大回撤率。股票最大回撤率（Nurdewanto et al.，2020）是股票买卖时的一项主要风险指数，表明当股价在一定时间内某一历史时间点后推时，股市净值在最低值时股票收益率回撤幅度的最大值。这一指标经常反映入手股票后市价变化的最差情况，即股票最大回撤与股票风险成正比。

（2）经济周期。经济周期也被称为景气循环、商业周期，一般用于形容市场经济运行过程中产生的各类经济事件。目前经济周期通常被分为四个时期：兴盛、衰落、萧条和复兴。①繁荣期：市场经济繁荣，也带动股票市场整体"飘红"，属于"牛市"时期。在这个时期重仓持股往往能有较好的收益。②衰退期：经济泡沫的后遗症。这个时期，由于上个阶段经济过度繁荣，导致企业盈利增长困难，多数处在"亏本"状态，股票投资预期收益均不被看好。③萧条期：市场经济整体萎靡，多数企业无法正常盈利，导致股票市场处于"熊市"。这个时期不宜入手股票。④复苏期：由于市场经济严重影响国家的正常发展，导致了失业率猛升等各类问题的出现，所以由政府牵头出台各类政策，各行各业均积极响应号召，市场经济被逐渐拉入正轨，股票市场也将随着企业经营状况的改善而渐渐回暖。这一时期适合选择成长空间大的股进行"抄底"，股票投资预期收益看好。

前景理论中将决策过程区分为两个阶段：阶段①，采集整理随机事件和人们对事件结果的有关信息；阶段②，根据处理过的信息进行评估与决策。阶段①过程中会首先对事件信息进行数据预处理，但如果通过不同的方式去整合或精简数据就会产生对事物信息相关人的"框架依赖效应"和"非理性行为"，即决策产生分歧。总的来说，当面对利益时会更容易冒险，当受到损失时就会更加谨慎。鉴于股票投资过程恰恰为一个风险投资过程，未来股票收盘价的波动同样会对投资者的选择产生极大影响，而指标体系中所选8个前景指标则能在一定程度上反映未来股票价格的波动情况。

（3）市场表现。市场表现是指对市场中供求关系变动的影响，以及对动向、变化趋势的分析。分析过程主要是要收集相关资料和数据，并选择合理的方式，通过分析研究、探讨市场规律，掌握消费者对社会产品种类、规格、品质、特性、市场价位等的看法和需求，掌握市场上对特定商品的需要量和市场销售态势，掌握社会商品的市场占有率和竞争单位的市场占有状况，掌握社会产品中消费者购买力和社会产品市场可供给量的变动情况，并从中判断社会商品供求平衡的不同状况（供大于需或需大于供），为公司生产经营的决策（即合理安排社会产品、进行市场竞争力），以及客观经营决策（即合理调控社会市场、均衡产销、发展生产经营）提供了依据。

（4）资产负债率。资产负债率（Manchuna，2020）主要用来比较企业举债后的经营能力，可以为投资人（债权人）提供一个衡量安全系数的指标。资产负债率＝负债总额/资产总额。总体来看，当企业负债率升高时，每年股市期末，企业的资产负债率也随之升高，进而导致股东收益减少。当股东收益减少时，企业将面临股东撤资，进而出现财务风险，股价可能也随之不断下跌。

（5）销售收入增长率。销售收入增长率能够直观地表现企业经营能力的成长程度，该指标与企业营业收入呈正相关，销售收入增长率越高也就反映出该企业在市场的竞争能力越强，市场前景越好。该指标持续的上升，说明公司的竞争力越来越强，公司属于成长股；相反，销售收入增长率下降，说明公司的竞争力越来越弱。

（6）净资产收益率。净资产收益率（Return on Equity，ROE），又称为股东利益的回馈率、净值回馈率、股权负债回馈率、股权收益率、净资产利润率，是总资产与一般股东利益之间的比例，是指该企业净利润与净资产的比率。该指标体现了中小企业股东利益的回馈能力，可以用来衡量中小企业利用自有资金投资的能力。指标值越高，说明人力资本所产生的回馈能力越高。而这个指标也体现了中小企业利用自有资金投资获取净回馈的能力。一般来说，企业资产负债率上升就会引起企业净资产收益率的提高。企业资本包含有两个部分：一部分是企业的其他资金投入，包括企业老板股权（就是企业股东参与的股本、企业公积金和保留利润等的总数）；另一部分是企业借用或者暂时性占据的资产。企业合理地利用中小企业杠杆有助于提高资产的利用效果，借用的资产太多会增加企业的财务损失，借用的资产期限太短也会影响资产的利用效果。净资产收益率是衡量公司资本利用效果的主要财务指标。

4. 基于用户偏好的股票模糊聚类

基于客户偏好的股票模糊聚类算法的主要应用是模糊 C 均值（Fuzzy C-Means，FCM）聚类算法（Lee，2020；Sharma et al.，2020）。该方法不同于 K-Means 方法的硬聚类，它结合模糊理论提出了更加灵活的聚类方式。通常情况下，由于要符合客观认知的要求，因此不能生硬地将一只只股票分为分离明显的一个个簇。为解决这个问题，就需要把权值分别赋予每只股票和簇，当需要划分股票时，只用权值证明即可。由于基于概率的算法只能给出不太精确的权值，所以本书采用模糊 c 均值（FCM）聚类算法来作为一个合适的、自然的、非概率特性的统计模型。

作为目前非常合适的模糊聚类算法，FCM 算法主要有以下几个优势：①传统硬 C–均值泛函 J_1 的自然推荐仍然是模糊 C–均值泛函 J_m。②从理论上看，对硬 C–均值泛函 J_1 的研究已经很完善了，其聚类准则的应用也很广泛，具备 J_m 研究的优秀基础。③从数学上看，其具备良好的数学基础，因为 J_m 和 R^S 的希尔伯特空间结构（均方逼近理论和正交投影理论）存在紧密的联系。④最为关键的是，和普通均值聚类算法的硬性划分相比，FCM 算法的模糊聚类是同一簇的对象之间存在最大相似度，不同簇的对象之间存在最小相似度，即划分的对象可以不仅仅属于一个簇。基于用户偏好的 FCM 模糊聚类流程如图 6–5 所示。

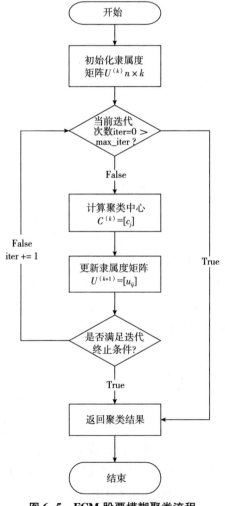

图 6–5　FCM 股票模糊聚类流程

资料来源：本书整理。

（1）初始化隶属度矩阵。FCM 模糊聚类算法中将只取 1 或 0 两个值（属于/不属于）在区间 0~1 内的数值称作"隶属度"，它常用来描述聚类中心和数据点间的从属关系。

$$U_{n \times m}^{(0)} = [u_{ij}] \tag{6-1}$$

其中，$U_{n \times k}^{(0)}$ 表示初始隶属度矩阵；n 表示数据集中数据对象的个数；m 表示聚类簇的个数；u_{ij} 表示数据对象 x_i 对聚类中心 $c_j \in C = [c_{j \in [1,2,\cdots,m]}]$ 的隶属度，其值越大，说明数据对象越靠近聚类中心 c_j。

（2）判断是否超过最大迭代次数。设定最大迭代次数 max_iter 值（通常取值为 100），判断 iter（当前迭代次数）是否大于最大迭代次数。如果 iter 大于最大迭代次数，则输出聚类结果后退出；若并未超过，则继续执行后续操作。

（3）计算聚类中心。传统均值聚类算法在确定聚类中心时，会从所有样本点中找到平均值（这一类的类中心）。对 FCM 模糊聚类而言，当聚类中心定义之后，先对每个点对于类的隶属程度求和，然后对每个点，将隶属程度减去隶属度也就是类所占的百分比，再乘以当前的对象点对于类 j 的贡献值。

$$c_j = \frac{\sum_{i=1}^{n} (u_{ij}^m \cdot x_i)}{\sum_{i=1}^{n} u_{ij}^m} = \sum_{i=1}^{n} \left(\frac{u_{ij}^m}{\sum_{i=1}^{n} u_{ij}^m} \cdot x_i \right) \tag{6-2}$$

其中，c_j 表示第 j 个聚类中心；n 表示数据集中数据对象的个数；m 表示聚类簇的个数；u_{ij} 表示对象 x_i 与聚类中心 c_j 之间的隶属度。

（4）更新隶属度矩阵。基于公式（6-2）中计算所得的各聚类中心点及原始数据集合，通过隶属度计算公式对隶属度矩阵进行更新。

$$u_{ij} = \frac{1}{\sum_{k=1}^{m} \left(\frac{\|x_i - c_j\|}{\|x_i - c_k\|} \right)^{\frac{2}{m-1}}} \tag{6-3}$$

其中，u_{ij} 表示更新后的对象 x_i 和聚类中心 c_j 之间的隶属度；m 表示聚类簇的个数。由分式下半部分可知，分子表示对象 x_i 到聚类中心 c_j 的距离，而分母则表示当前对象到所有聚类中心的距离之和，因此，当对象 x_i 越靠近聚类中心 c_j 时，下半部分整体值越小，隶属度 u_{ij} 则越大。

（5）判断是否满足迭代终止条件。在不超过最大迭代次数的前提下，迭代终止条件如下：

$$\max_{ij}\left\{\left| u_{ij}^{(iter)} - u^{(iter-1)} \right|\right\} \leq \varepsilon \tag{6-4}$$

其中，$u_{ij}^{(iter)}$ 表示在当前迭代次数 $iter$ 下更新的对象 x_i 与聚类中心 x_j 之间的隶属度；$u_{ij}^{(iur-1)}$ 表示更新之前的对象 x_i 与聚类中心 x_j 之间的隶属度；ε 表示误差阈值。上式含义为：迭代直至隶属度不再发生较大变化时，即认为隶属度不变，即已经达到局部最优或全局最优状态，迭代结束，并返回模糊聚类结果。

三、基于多阶段的股票匹配

基于前文分析结果（股票模糊聚类结果，用户特征的偏好），本章按照用户对不同特征的偏好差异，对 FCM 股票模糊聚类结果进行重新排序。例如，风险和行业相比，某用户更加看重风险，因此，在组织股票聚类结果时应优先展示符合其风险偏好的股票且符合其行业偏好的股票，再展示仅符合其风险偏好的股票，最后展示仅符合其行业偏好的股票。

假设投资者 A 的用户偏好序列为风险偏好——"稳健"、行业偏好——"农业"、地域偏好——"江浙"、投资者能力——"较低"和行为特征——"理财"。具体而言，其股票配置过程如图 6-6 所示。

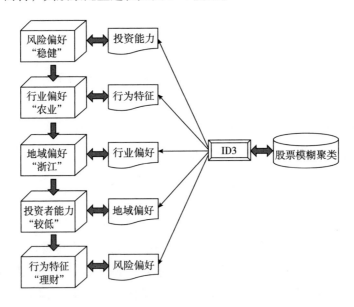

图 6-6 多阶段股票匹配

资料来源：本书整理。

1. 股票模糊聚类

利用前文中所提出的 FCM 股票模糊聚类算法对股票池中各股票的向量（由股票可量化特征表示）进行聚类，共分为五类，分别对应的是用户偏好的五个维度。

2. 聚类结果可视化

通过 ID3 决策树（Yasami & Mozaffari，2010；Raman et al.，2020）算法对贴标签后股票池进行建模，确定各聚类簇解释特征，并对各聚类簇特征进行解释与描述。ID3 决策树算法属于构造决策树的核心算法，最早从概念学习系统（CLS）中引申而出。ID3 测试属性的定义是信息熵的下降速度，即在该节点上未被分类的最高信号增益属性，并继续执行这一过程直至完成决策树。ID3 决策树计算流程如下：首先，遍历所有特征，找到使分类信息增益最大的特征，并将其设置为根节点且在后续迭代中删除该特征；然后，利用信息增益递归寻找每个分叉的最优特征。信息增益计算公式如下：

$$Gain(D, a) = Entropy(D) - \sum_{i=1}^{k} \frac{|D_i|}{|D|} Entropy(D_i) \tag{6-5}$$

式中，D 表示父节点；D_i 是子节点；a 表示 D 节点的属性选择；$Entropy(D)$ 表示父节点的信息熵；$Entropy(D_i)$ 表示子节点 D_i 的信息熵。

3. 多阶段匹配

基于第三章中的用户画像结果，按投资者实际偏好（不同画像特征的偏好程度），与 ID3 所解释的各聚类簇特征进行匹配，并对符合特征的股票进行逐一筛选，优先推荐与投资者偏好契合度高的股票，生成股票推荐列表。

四、算例分析

为验证所提多阶段股票匹配的有效性，本章假设存在一个投资者 A，其投资者画像结果显示，该投资者投资偏好于贵州地区的机械板块的相关股票，投资次数较多且多为小额投资，投资风格趋近于稳健；同时，他投资的主要目的是个人理财。对于股票相关指标对应数据，本章随机从"同花顺"A 股市场中随机选择 500 只股票，并通过"八爪鱼"网络爬虫采集指标体系中各指标对应的数据。部分股票数据如表 6-1 所示。

1. 股票模糊聚类结果

鉴于本书对投资者从风险偏好、行业偏好、地域偏好、投资者能力和行为特征共五个维度进行画像，本章设定最佳聚类数 $c=5$，并基于预处理后的采集数据对股票进行 FCM 模糊聚类，具体聚类结果的二维可视化图像如图 6-7 所示。

表 6-1　部分股票的指标对应数据

股票 ID	所属地域	所属行业	发行价格	销售收入增长率	资产负债率
600332	广东	医药	9.8	66.9	42
300840	山东	服装	5.94	25.2	55
000983	山西	煤炭	6.49	15.4	88
600519	贵州	饮料	31.39	53.34	16.47
002594	广东	新能源	18	11.94	22.8

资料来源：本书整理。

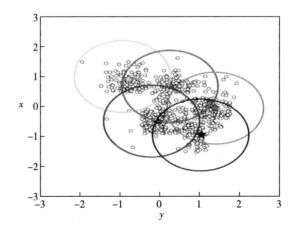

图 6-7　股票模糊聚类结果的二维可视化图像

资料来源：本书整理。

2. 多阶段股票匹配结果

图 6-8 展示了多阶段聚类的具体流程，以及针对投资者 A 所最终生成的股票池。投资者 A 有自身稳健的投资风格、喜欢机械板块股票、倾向于贵州地区的股票、投资能力较低和为理财而投资共五个特征，分别对应 5、3、2、4 和 1 共五个权重（值越大，权重越高）。然后，按照投资者 A 特征权重的大小对各特征的优先级进行降序排列，并依次与 FCM 模糊聚类的结果进行比对，逐级对股票

池进行筛选。最终，结合用户特征偏好生成仅包含泰永长征（编号：2，股票代码：002927）、ST 天成（编号：200，股票代码：600112）、中航重机（编号：225，股票代码：600765）和贵绳股份（编号：500，股票代码：600992）共计四只股票的股票池。

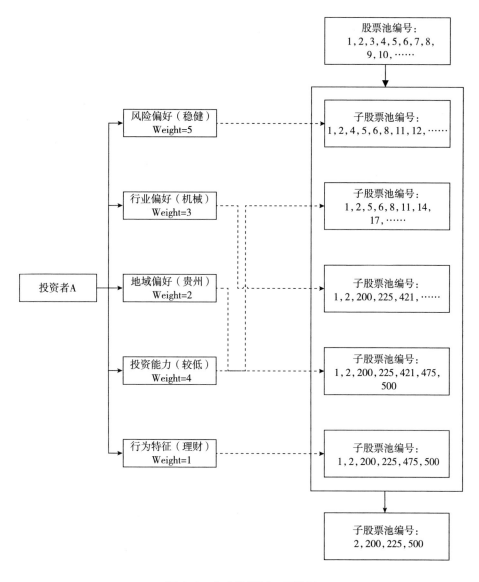

图 6-8　多阶段股票匹配结果

资料来源：本书整理。

第三节　股票投资者的股票智能推荐

一、股票优化配置问题形式化描述

当面临海量的股票市场数据进行投资时，如果无法筛选出重要信息，也就无法在股票市场中一直取得合理的资产增长收益（Jennifer et al.，2013；Luke et al.，2014）。因此，当前多使用基于股票推荐的方法，利用股市的实时交易数据、相关企业舆情和股票新闻资讯等多项指标并结合投资者风险偏好，来进行股票推荐。投资者可以通过平台进行智能选股、智能诊股和智能复盘。常见的股票推荐有以下三种：

（1）一些平台是基于资金流向排行、涨幅排行、行业等相关因素来进行股票相似推荐，但是其缺点在于：由于维度较少，相似性并不够；推荐的股票参考价值不大，仅是当天的主力资金流向和涨幅排名。

（2）图表股票屏幕推荐，推荐购买的信息就是股票上升趋势的数值大小。"1"表示三分之一推荐购买，"2"表示三分之二推荐购买，"3"表示百分之百推荐购买。但图表股票屏幕推荐的缺点在于，没有结合用户的兴趣，更多地偏向技术选股。

（3）基于近期预测涨跌幅及其一致性统计的股票推荐方法，包括：①在所有的股票中搜索并获取多只相似股票的走势段；②以相似股票走势段的后期走势进行投票统计；③股票的近期推荐和综合推荐。其缺点在于：无法定位用户感兴趣的股票。

二、基于用户偏好的股票优化配置模型

为解决前文中所提出的现有股票推荐相关研究中存在的问题，本章在 FCM 模糊聚类结果及投资者历史投资数据的基础上，提出了一种基于用户偏好的股票优化配置模型，具体流程如图6-9所示。

1. 生成多阶段匹配股票列表

基于前文中所提出的股票投资者的股票智能选择模型，并基于股票池 S_n 中

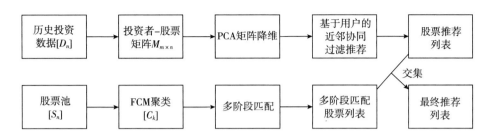

图 6-9　基于用户偏好的股票优化配置模型流程

资料来源：本书整理。

的各股票数据进行建模，最终生成多阶段匹配股票列表 L_{11}（其中，n 表示股票池中股票的个数，t_1 表示生成的多阶段匹配股票列表的长度）。

2. 构建投资者——股票矩阵

协同过滤推荐算法（Edelen et al.，2016）中的数据源 $D=(U，P，R)$，其中，$U=\{u_i\}_{i=1}^m$ 是投资者集合，$|U|=m$；$P=\{p_j\}_{j=1}^n$，是股票池中的各股票，$|P|=n$；$m\times n$ 阶矩阵 R 是投资者对各股票的偏好矩阵，元素 r_{ij} 表示投资者 u_i 对股票 p_j 的偏好，若投资者投资过该股票，则认为其喜好该股票，$r_{ij}=1$，否则 $r_{ij}=0$。

在现实环境中，由于 m 和 n 的值会比较大，投资者不可能对所有股票都逐个进行评价，因此在投资者喜好矩阵 R 中存在大量的空值，即投资者没有对该股票进行过任何形式的投资。随着系统规模的扩大，用户数和股票数迅速增加，R 中空值的数目也将急剧增加，从而导致评分数据极端稀疏。

3. 主成分分析（PCA）矩阵降维

图 6-10　PCA 投资者喜好矩阵降维流程

资料来源：本书整理。

首先，对投资者喜好矩阵进行相关数据预处理，主要包括：元素值非 1 位置全部置为 0，并将偏好矩阵的每一个特征列减去其列均值，使特征列中所有元素之和为 0；其次，先求解协方差矩阵 $B_{n,n} = R^T R$，其中，协方差矩阵对角线元素为特征方差系数，而非对角线元素则为特征之间的共变异数；再次，对协方差矩阵进行特征分解，并将分解所得特征值 $\lambda = \{\lambda_1, \lambda_2, \cdots, \lambda_n\}$ 降序排列，选择前 N 个特征值所对应的特征向量组成特征向量组 $P_{n,N}$，即基向量组；最后，将原始投资者偏好矩阵投影到选取的特征向量组上，$R'_{m,N} = R_{m,n} \cdot P_{n,N}$。

4. 基于投资者的近邻协同过滤推荐

基于投影后的投资者—股票偏好矩阵，通过评分预测公式对 PCA 降维之前的偏好矩阵进行填充。评分预测公式如下：

$$r'_{u,i} = \overline{r_u} + \sigma_u \frac{\sum\limits_{v \in N(u)} sim^{iPCC}(u, v) \times r_{v,i}}{\sum\limits_{v \in N(u)} |sim^{iPCC}(u, v)|} \tag{6-6}$$

其中，$r'_{u,i}$ 表示投资者 u 对股票 i 的预测偏好；$N(u)$ 表示投资者 u 的最近邻域；$sim^{iPCC}(u, v)$ 表示基于降维后偏好矩阵计算所得的投资者 u 和投资者 v 的改进皮尔逊相关系数，取值范围为 $[-1, 1]$，其计算方式如公式（6-7）所示；$r_{v,i}$ 表示投资者 v 对股票 i 的历史偏好值。

$$sim^{iPCC} = (1-\rho) \cdot sim^r(u, v) + \rho \cdot sim^s(u, v) \tag{6-7}$$

其中，ρ 表示股票之间语义相似度结果所占比重；$sim^r(u, v)$ 表示投资者 u 和投资者 v 之间的传统皮尔森相关系数；$sim^s(u, v)$ 表示投资者 u 和投资者 v 之间的 NLP 语义相似度，其目的在于缓解矩阵稀疏和冷启动问题对协同过滤推荐算法的影响。相似度计算公式如下：

$$sim^r(u, v) = \frac{\sum\limits_{i \in I} (p_{u,i} - \overline{p_u}) \cdot (p_{v,i} - \overline{p_v})}{\sqrt{(p_{u,i} - \overline{p_u})^2} \sqrt{(p_{v,i} - \overline{p_v})^2}} \tag{6-8}$$

$$sim^s(u, v) = \frac{\sum\limits_{j \in L} s_{u,j} \cdot s_{v,j}}{\sqrt{s_{u,j}^2} \sqrt{s_{v,j}^2}} \tag{6-9}$$

其中，$p_{u,i}$ 表示投资者 u 对股票 i 的历史偏好；$p_{v,i}$ 表示投资者 v 对股票 i 的历史偏好；$\overline{p_u}$ 和 $\overline{p_v}$ 分别表示投资者 u 和投资者 v 的历史偏好均值；I 表示股票集合，$s_{u,j}$ 表示投资者 u 的语义向量的第 j 个元素；$s_{v,j}$ 表示投资者 v 的语义向量的第 j 个元素；L 表示投资者语义向量的长度。

对于参数 ρ 的取值，本书使用网格搜索法对参数的最佳取值进行寻优。综合考虑时间和算例等各方面成本，本书将参数的可选取值范围设定为［0，0.2，0.4，0.6，0.8，1.0］。

作为一种典型的利用群体智慧的推荐算法——近邻协同过滤算法，为了可以让该算法高效利用起来，首先必须拥有足量的、用来确定用户/商品领域的用户—商品交互数据（用户评分、评论），如果该数据一旦稀疏（数据不足）或者冷启动（数据缺失），那么该算法就难以正常使用。为此，本书在相似度计算的过程中加入了"语义数据"，并对 PCC 等传统系数加以改进，以用来解决相应问题。语义相似度计算流程见图 6-11。

如图 6-11 所示，鉴于股票含义信息和客户通过语义数据获取语料，都是文字构成的信息且信息品质相似，无须对应各个信息资源建立提炼过程，所以，本章就结合语言材料设计了一个文字信息提炼过程，具体步骤如下：

第一步，语料清洗。想要在众多语料中提取出完全可以表示对象特征的语义信息，需要先对语义信息进行清理，去除部分没有明确含义的信息。因此，本章将通过正则化表达式技术对语料进行逐一过滤和清除，清理文章中涉及 HTML 文字、广告、注释、英文字符、数字、中文标点、英文标点、全角标点、半角符号和表情符号等特殊字符。

第二步，分词。词汇是可以自主操作的有价值的语言元素，是计算机程序获取语言信息的重要依据，也是词汇向定量和词汇列表向定量发展的理论基础，所以，分词效率的优劣对语义信息获取效率的好坏影响很大。综上，本章先利用 Jieba 分词法系统对语料内容进行了分词；继而在结合实际分词法效果的股票一级分类条目的基础上，形成了涵盖股票专用词、商标词、颜色词、医药专用词、家居名词、美妆名词、银行专用词、图书名称和机械专用词九部分共 148612 个词语的总词词库；最后采用了附加叙辞表的形式提升了 Jieba 分词法系统的分词效果。

第三步，去除停用词。上一步检查所得特征词时存在以下两个方面的问题：①出现了大量无确切意义的词，如语气助词、副词、介词和连词等；②由于词料清洗规则还不够健全，仍存有某些特殊符号。针对这些问题，本章中建立了包括 3451 个停用词的停用词词库，并加入到了 Jieba 分词管理系统中，以消除对语义数据提供并无贡献的部分，从而大大提高了有效信息的精确度。

第四步，关键词提取。CBOW 算法是一个基于词袋模型的词向度量方法，其生成词向量的维度与模型训练中去重词汇表的词个数相等。但是，当去重词汇表

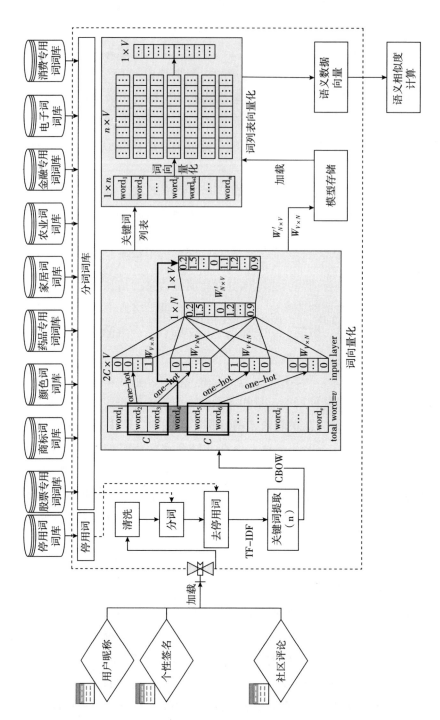

图6-11 语义相似度计算流程

资料来源：本书整理。

的量级和词向量的维度逐步增加后，语义相似性统计的质量和精度也将相应降低。因此，本章根据第三步中出现的特征词建立 TF-IDF 算法模型，先分别统计各对象中对于特征词的重视程度，再按照重视程度高低对特征词进行过滤，以减少词向量维度变化对语义相似性统计所造成的误差。TF-IDF 计算公式如下：

$$TF - IDF = \frac{n_{ij}}{\sum_k n_{kj}} \cdot \log\left(\frac{|D|}{|\{j: t_i \in d_j\}|}\right) \tag{6-10}$$

其中，$TF\text{-}IDF$ 表示在语料库 D 的文档 j 中第 i 个词的重要程度，值越大表明该词对于文档 j 越重要；n_{ij} 表示文档 j 中词 i 出现的频率；$\sum_k n_{kj}$ 表示文档 j 中所有词出现的总频率；$|D|$ 表示语料库中的总文档数；$|j: t_i \in d_j|$ 表示语料库 D 中包含词 i 的文档个数。

第五步，词向量化。假设特征词的上下文窗口长度为 C，隐藏层权重矩阵为 $W_{V \times N}$，输出层权数为 $W'_{N \times V}$，则特征词解码方式为 One-Hot，从而建立 CBOW 词向量化计算模式，并利用优化梯度递减算法的方法最小化损失函数，从而定义和存储最优的加权矩阵 $W_{V \times N}$ 和 $W'_{N \times V}$。优化后的 CBOW 算法结构如图 6-12 所示。

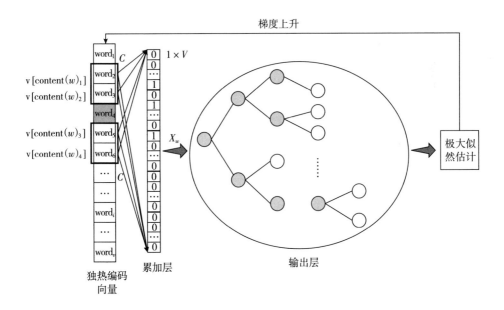

图 6-12　基于哈夫曼树的优化 CBOW 模型

资料来源：本书整理。

如图 6-12 所示，假定当前语料库 D 中共包含 V 个单词，上下文窗口大小为 C，目标词为 w，则优化后的 CBOW 模型流程如下：

对整个语料库中的单词进行 OneHot 编码，将目标词 w 上下文窗口所包含单词的 OneHot 向量组成向量矩阵 $X_{2C,V}$，并将其作为模型输入。

将传统 CBOW 模型中的神经概率语言模型中的拼接模式替换为累加模式，得到累加向量 $X_w(shape=[1，V])$，累加公式如式（6-11）所示。

$$X_w = \sum_{i=1}^{2C} v[content(w_i)] \in R^m \qquad (6-11)$$

其中，2C 表示目标词 w 的上下文单词的个数；$v[content(w_i)]$ 表示目标词 w 的第 i 个上文或下文单词的词向量；X_w 表示累加后的输出层的输入向量。

把语料库 D 中词的哈夫曼树上的叶片节点，放在哈夫曼树，叶片节点的个数就是 N（$N=D$）。然后，把词在语料库 D 中出现的数量作为哈夫曼树的大小，再将投影层的累加向量放在哈夫曼树上，得到极大似然估计结果，之后再采用梯度上升方法计算该结果。求解出之后，需要根据上下文词向量更新公式中目标词 w 的上下文词，极大似然估计函数公式如下：

$$p[w \mid content(w)] = \prod_{j=2}^{l^w} p(d_j^w \mid X_w，\theta_{j-1}^w)$$

$$p(d_j^w \mid X_w，\theta_{j-1}^w) = \begin{cases} \sigma(X_w^T \theta_{j-1}^w) & d_j^w = 0 \\ 1 - \sigma(X_w^T \theta_{j-1}^w) & d_j^w = 1 \end{cases} \qquad (6-12)$$

其中，$p[w \mid content(w)]$ 表示极大似然函数；l^w 表示路径 p^w 上包含的节点个数；d_j^w 表示路径上第 j 个节点对应的哈夫曼编码，其中，根节点不对应哈夫曼编码；θ_j^w 表示路径上非叶子节点对应的词向量；σ 表示 sigmoid 函数。

上下文词向量更新公式如下：

$$v'(\overline{w}) = v(\overline{w}) + \eta \sum_{j=2}^{l^w} \frac{\partial L(w，j)}{\partial X_w}，\overline{w} \in content(w) \qquad (6-13)$$

其中，$v'(\overline{w})$ 表示更新后的上下文单词的词向量；$v(\overline{w})$ 表示更新前的上下文单词的词向量；η 表示更新的步长，即学习速率；$\partial L(w，j)/\partial X_w$ 表示对极大似然函数求偏导之后的结果值。

最后，在得到各投资者语义向量的基础上，利用余弦相似量得到了各投资者间的语义相似点。投资者的余弦相似点计算公式为：

$$sim^s(u,\ v) = \frac{\sum\limits_{i=1}^{n} v_i \times u_i}{\sqrt{\sum\limits_{i=1}^{n}(v_i)^2} \times \sqrt{\sum\limits_{i=1}^{n}(u_i)^2}} \qquad (6\text{-}14)$$

其中，$sim^s(u,\ v)$ 表示投资者 u 与投资者 v 之间的语义相似度；v_i 表示投资者 v 语义向量的第 i 个值；u_i 表示投资者 u 语义向量的第 i 个值；n 表示语义向量的长度。

5. 推荐列表生成

对多阶段股票匹配列表 L_{Multi} 和基于投资者的近邻协同过滤股票推荐列表 L_{User} 进行比对，剔除 L_{Multi} 中不存在 L_{User} 和 L_{Multi} 中不存在 L_{User} 的股票，保留 L_{Multi} 和 L_{User} 中同时存在的股票，组成最终的股票推荐列表 L_{Final}。

三、算例分析

为验证提出的基于投资者偏好的股票优化配置模型的有效性，本章在算例分析结果的基础上，基于"八爪鱼"网络爬虫所采集的"同花顺"A 股市场中的 500 只股票的各指标对应数据，继续缩减股票池中的股票，提升股票推荐的个性化。部分投资者—股票评分矩阵数据如表 6-2 所示。

表 6-2　部分投资者—股票评分矩阵数据

投资者	1	2	3	4	……	500
投资者 1	1	0	0	0	……	3
投资者 2	0	0	0	3	……	0
……	……	……	……	……	……	……
投资者 A	0	5	1	0	……	0
……	……	……	……	……	……	……
投资者 m	0	0	0	0	……	0

注：500 只股票为股票池中随机选择，实际股票数量远远大于 500。
资料来源：本书整理。

1. PCA 降维结果

随着平台中投资者总量和股票数目的增加，投资人—股票评价矩阵也就变成了高维稀疏矩阵，而协同过滤算法的品质也将相应下降。因此，本章使用主成分分析法（PCA）来对投资者—股票评分矩阵进行降维处理，使数据稀疏性得到较好的解决。部分 PCA 降维结果如表 6-3 所示。

表 6-3 部分 PCA 降维结果

	1	2	3	4	……	100
投资者 1	−0.4513	0.0308	−0.0029	0.0118	……	−0.3623
投资者 2	0.0258	−0.0018	0.0134	−0.4687	……	0.03229
……	……	……	……	……	……	……
投资者 A	−0.0156	−0.3875	0.6119	−0.1713	……	−0.0166
……	……	……	……	……	……	……
投资者 m	−0.0159	−0.3921	0.5571	0.0435	……	−0.0552

资料来源：本书整理。

2. 生成推荐列表结果

首先，基于 PCA 降维后的投资者—股票评分矩阵，分别计算投资者 A 与其他 m-1 个投资者的修正相似度，进而确定其最近邻域。其次，根据最近邻域内的原始市场评价及评分预测公式，对原始市场评分矩阵中投资者 A 所在行的缺失值做出预估；根据市场评分，对 500 只股票进行排序。最后，选择前 N（N 的取值等于多阶段匹配所生成股票池中的股票数量）只股票与多阶段匹配所生成的股票池中的股票取交集，所得的股票即最终推荐列表。各阶段股票结果如表 6-4 所示。

表 6-4 基于投资者偏好的股票优化配置结果

阶段	原始股票池	多阶段匹配股票池	协同过滤推荐股票池	股票智能推荐结果
投资者 A	1	2	4	200
	2	200	200	—
	3	225	301	—
	4	500	12	—
	……	—	—	—
	500	—	—	—

资料来源：本书整理。

3. 股票推荐列表

在得到的推荐列表中，将 N 设定为 20，并对 20 只股票进行趋势追踪，得到的结果如表 6-5 所示。

表 6-5　股票推荐列表

股票名称	1-4	1-5	1-6	1-7	1-10	……	1-28	月涨跌	涨跌幅
宝兰德	81.84	82.02	81.41	85.11	102.13	……	117.58	35.74	43.67%
财富趋势	153.91	160.24	160.03	156.77	157.60	……	172.00	18.09	11.75%
安旭生物	137.01	124.03	148.84	178.61	214.33	……	158.37	21.36	15.59%
新炬网络	39.10	38.62	38.91	38.19	38.79	……	50.72	11.62	29.72%
京北方	34.56	36.55	37.82	37.40	39.67	……	40.30	5.74	16.61%
奥翔药业	35.88	34.08	34.56	32.90	33.51	……	44.20	8.32	23.19%
森萱医药	21.08	18.83	16.50	14.98	18.30	……	23.88	2.80	13.28%
协创数据	29.66	28.51	28.60	27.50	27.86	……	34.12	4.46	15.04%
巨星农牧	17.05	17.04	17.66	17.05	18.09	……	17.90	0.85	4.99%
盛航股份	25.78	25.82	26.29	27.24	29.96	……	29.42	3.64	14.12%
王子新材	20.82	20.21	20.39	20.16	22.18	……	22.28	1.46	7.01%
天津普林	9.87	9.72	9.73	9.43	9.30	……	11.74	1.87	18.95%
恒宝股份	6.98	6.83	6.79	6.68	6.75	……	8.51	1.53	21.92%
宁波中百	10.24	10.16	10.10	9.77	9.86	……	11.73	1.49	14.55%
海风电力	120.81	114.69	116.39	118.00	118.22	……	127.00	6.19	5.12%
福斯特	118.67	112.60	113.20	108.10	106.05	……	114.00	-4.67	-3.94%
天华超净	81.25	78.80	80.02	75.88	73.82	……	65.80	-15.45	-19.02%
达瑞电子	83.40	82.46	82.78	82.08	81.64	……	72.08	-11.32	-13.57%
科达自控	19.15	19.38	19.05	18.60	18.34	……	16.27	-2.88	-15.04%
万邦达	12.82	12.75	12.91	12.70	12.50	……	11.34	-1.48	-11.54%

资料来源：本书整理。

如表 6-5 所示，在推荐的 20 只股票中，其中 15 只股票在后续一个月里呈上涨的趋势，其中 12 只股票涨幅超过 10%，最高涨幅达到 43.67%，可见模型推荐效果较好，能够根据投资者有针对性地进行优秀股票推荐。

第四节 本章小结

在用户画像的基础之上，本章提出了一种股票投资者智能投顾的股票配置：选择与推荐方法。首先，通过对投资者投资目标的分解与投资过程的解析，获得了股票检索问题的形式化描述。其次，基于用户画像中所得的五个表示维度，对股票池中的股票进行模糊聚类；同时，基于投资者不同特征的偏好强度，结合模糊聚类结果进行多阶段股票匹配，缩减股票池中股票的数量，并进行了算例分析。最后，结合深度学习算法优化近邻协同过滤推荐算法生成个性化股票推荐列表，并与多阶段股票匹配结果取交，生成最终推荐列表。

第七章 股票混合推荐算法模型

股票推荐算法由于适用场景单一、推荐结果偏差以及市场环境容易突变导致推荐系统的容错率较低。因此，本章根据基于关联规则的股票智能推荐子算法、基于内容的股票智能推荐子算法和基于协同过滤的股票智能推荐子算法，并通过准确率、召回率以及 Matthews Correlation Co-efficient（MCC），来检验股票推荐效果。

第一节 引言

基于上述有关部分所介绍的理论方法和知识，本章提出了一个综合的推荐算法，并介绍了算法构成推荐体系的主要部分，介绍了算法的效率对推荐结论起直接作用。往往单一的推荐算法所实现的推荐结果都会有偏差，因此需要构建多算法融合的股票混合推荐算法模型。考虑到多算法融合的股票混合推荐算法模型的子算法包括基于关联规则等多种算法，因此使用模型的先决条件是对数据进行预处理，再根据三种子算法生成推荐结果，最后对于推荐模型进行评价分析（Zhao et al.，2021）。

本书所设计的股票混合推荐算法模型如图7-1所示，由数据预处理层、子算法层、推荐算法融合层和模型效果评价层构成。

传统的推荐方法忽略了股票背后公司间的复杂关系、文本内容的隐含信息和投资者的用户画像三类信息的关联性。在日常生活中，投资者购买股票会综合考虑行业潜力以及国家利好政策等影响因素，因此将股票间关系网络和股票文本信

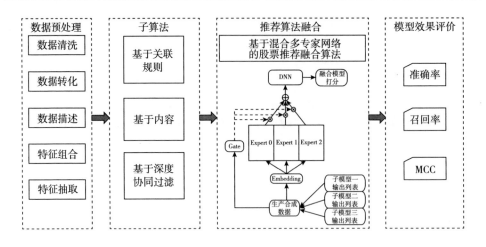

图 7-1　推荐算法模型框架

资料来源：本书整理。

息的结合将会更有效地筛选出具备潜力的股票集合，再通过用户画像对该具备潜力的股票集合进行深度协同过滤，最终呈现给投资者的股票将会是具备良好潜力、符合投资者期盼的股票（Klassen et al.，2011）。

　　在股票市场上自由买卖的股票之间具有多种形式的相互关联关系，包括同一行业的上下游联系，同行业公司间的相互替代联系、优势互补关系、竞争关系，以及同一家公司的多样化运作，不同领域的公司间相互持股等（Feng & Li，2021）。在这些关系的基础上，股票市场的演变趋势具有显著的内部依赖性，即相关股票往往呈现同步变化，竞争股票呈现反向变化。当一家企业遭受国家政策、宏观经济、市场竞争等众多因素的冲击时，与其关联的其他企业就会通过成本费用和利润等经济指标的变动而引起一定的连带效应，这便是企业内部的信号传导与波动溢出效应。基于内容的推荐算法尝试推荐有盈利潜力且复合用户风险承受程度的股票，关键技术是对股票相关文本信息进行建模，抽取高阶特征，预估其是否有盈利潜力。推荐的过程是将股票特征与股票投资者选股特征进行匹配，找出最符合股票投资者风险承受能力的股票并生成推荐列表。通过文本内容的分析，将更精准地匹配行业中的优质股票候选集。对于投资者而言，如何在成千上万种股票中选择风险小、收益大的股票十分不易。通过对股票的公司业绩、经济周期、每股净资产值、个人资金储备、股票的市场、股票市盈率、股价涨幅排位等相关影响因素进行建模分析，形成推荐列表；通过深度协同过滤的推荐算法，构建股民用户画像辅助股票推荐算法，可实现股票的个性化。具体内容如图 7-2 所示。

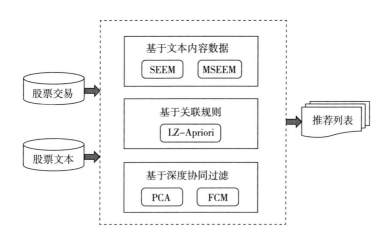

图 7-2　推荐子模型算法融合

资料来源：本书整理。

考虑到单一推荐算法使用的数据类型不同、推荐的精准度不同，因此需要使用融合算法将其优势结合、劣势互补，达到更全面、更有效的推荐结果。在此基础上，下文将展开推荐子模型融合的探索工作。

第二节　基于关联规则的行业和股票推荐算法分析

LZ-Apriori 算法提出了一种基于关联规则的行业推荐和股票推荐算法。LZ-Apriori 通过对两项频繁项集的运算的过程进行了调节，缩短和提高了运算的时间和效果。具体步骤如表 7-1 所示。

表 7-1　基于关联规则的行业推荐和股票推荐算法

序号	算法步骤
（1）	输入：事务集 D，一项频繁项集 L_1，最小支持度 minSupport

序号	算法步骤
(2)	计算每个事务项与频繁项集的并集 F_i 的时间复杂度为 $O(m)$
(3)	计算 F_i 的二元子集的时间复杂度为 $O(C_m^2)$
(4)	存入字典以及 value 值加 1 的过程时间复杂度为 $O(1)$
(5)	获取两项候选集 C_2；在计算支持度的过程中，计算时间复杂度 $O\left[\left(\frac{m\times(m-1)}{2}+m\right)\times N\right]$；
(6)	根据获得的候选集-支持度 hash 表 supK，判断各个候选集的支持度是否大于最小支持度的时间复杂度为 $O\left[\left(\frac{m\times(m-1)}{2}\right)\times N\right]$
(7)	生成两项频繁项集的过程中的时间复杂度为 $O(m^2\times N)$
(8)	获取两项候选集 C_2 的过程中，时间复杂度为 $O\left(\frac{L_1\times(L_1-1)}{2}\right)$
(9)	扫描事务集，计算支持度，筛选频繁项集的时间复杂度为 $O\left(\frac{L_1\times(L_1-1)}{2}\times N\times m\right)$
(10)	LZ-Apriori 在生成两项频繁项集的过程中的时间复杂度为 $O(L_1^2\times m\times N)$；
(11)	遍历 hash 表，将 key 值还原成两项候选集 C_2，key 值对应的 value 值即该两项候选集 C_2 的支持度
(12)	输出：两项频繁项集 L_2，频繁项集和与其对应的支持度 hash 表 supK

资料来源：本书整理。

采用关联规则的板块选择与股票推荐方法可以迅速找到股价涨跌之间的联动性，预知股价涨跌走势，其结论能够给投资者带来相应的选择意见。但实际预测分析的情况往往比真实情况要复杂，要求更高层次计算，因此股市波动的分析要具体问题具体分析，所以单靠 LZ-Apriori 算法不一定能够满足全部要求。

第三节　基于文本内容的股票推荐子算法分析

基于文本内容的股票推荐子算法主要用到投资者的用户画像、股票的基础信息、股票的交易信息和相关文本数据，包括股票评论与财经新闻。股票文本数据包括股票的所属板块、基本信息和评论信息以及相关金融事件信息等。通过浏览股票的文本信息，投资者能够形成对股票的初步认识，因此，本节的股票推荐模型选择从股票的文本数据中提取股票特征并预估是否有上涨潜力，此外还结合用户风险承受能力推荐优质股票。

算法 1：文本细粒度事件结构提取

（1）提取辅助信息。本书通过流行的 StandfordCoreNLP 提取事件文本的辅助信息：词法信息（POS Tagging）和句法信息（Dependency Relation）。

（2）过滤事件候选。本书通过金融事件词典过滤可能是事件实例的文本信息。文本中若包含字典中任何触发词都被视为相关事件的候选。

（3）找到事件角色。本书将包含所有必要事件角色的股评和金融新闻视为事件实例。对于触发词驱动的候选事件，本书采用领域专家设置的匹配规则来检查其依赖关系和词性信息。首先，本书将候选文本的依赖关系与金融事件词典中该事件类型的预定义依赖关系模式进行匹配，以定位事件角色并检查是否调用了所有必要的事件角色。其次，本书检查所有事件角色的 POS 标签是否与预定义的标签一致。只有满足这两个条件，此条信息才会被认为是一个事件实例，并确定事件角色。

（4）BIO 后处理。步骤（3）的结果是事件角色的标签。由于本书想要获取文本信息中每个词的事件标签，所以使用 BIO 标签标准来规范化标签结果。

算法 2：Stock Earnings Estimation Model（SEEM）

输入：

Event Label：细粒度事件结构 e

text：保存所有的文本 x

Stock：股票历史交易交易数据 y

输出：

p：股票的盈利概率

具体算法如表 7-2 所示。

表 7-2　基于文本数据的股票盈利预估算法

序号	算法步骤
（1）	将各种输入源(x, y, e)转换为稠密向量
（2）	获取股评、金融新闻文本和股票交易数据的高阶表示 $H_x = BiLSTM_x(E_x)$，$H_y = BiLSTM_y(E_y)$；
（3）	利用 self-attention 机制的特性让 H_x 和 H_y 审视内部并做出自适应的调整 $W_{SA}^x = softmax(H_x \cdot W_1 \cdot H_x^T)$，$S_x = W_{SA}^x \cdot H_x$

续表

序号	算法步骤
(4)	$W_{SA}^y = softmax(H_y \cdot W_2 \cdot H_y^T)$，$S_y = W_{SA}^y \cdot H_y$
(5)	采用融合函数来有效地融合事件结构和文本信息 $H'_x = \sigma(W_f[S_x；E_e；S_x-E_e；S_x \circ E_e])$
(6)	使用 Co-attention 来交互双模态信息 $f_{att}(i, j) = RELU(h'^{iT}_x \cdot W_3 \cdot s_y^j)$
(7)	基于对另一个模态信息的 *Atention* 来得到重构的表示 $C_x = \{c_x^1, c_x^2, \cdots, c_x^L\}$ 和 $C_y = \{c_y^1, c_y^2, \cdots, c_y^L\}$ 使用门控机制来合并原始表示和相应的注意力结果
(8)	$G_x = g(H'_x, C_x) \cdot C_x + [1-g(H'_x, C_x)] \cdot H'_x$，$G_y = g(S_y, C_y) \cdot C_y + [1-g(S_y, C_y)] \cdot S_y S_y$
(9)	模型预测：$\hat{p}(s\,|\,x, y, e) = softmaxt(W_p[G_x；G_y]+b_p)$
(10)	End

资料来源：本书整理。

算法3：Multi-view Stock Earnings Estimation Model（MSEEM）

由于没有提供细粒度的事件结构信息，SEEM 几乎无法处理金融事件词典无法识别的未知类型文本。多任务结构化股票预测模型（MSEEM）旨在通过事件抽取模块中生成的结构化事件 e 作为远程监督标签训练事件提取器来处理这个未知类型文本问题。此外，本书设计了一个多任务框架来联合学习事件提取和股票预测，因为这两项任务高度相关。事件提取结果的质量直接影响股票的预测。同时，股票预测的结果可以为事件提取提供有价值的反馈。多任务框架可以共享有用的信息并在任务之间进行有效的交互。

输入：

    text：保存所有的文本 x

    Stock：股票历史交易数据 y

输出：

    p：股票的盈利概率

具体算法如表7-3所示。

表7-3　基于文本数据的多任务股票盈利预估算法

序号	算法步骤
(1)	将各种输入源 (x, y) 转换为稠密向量
(2)	获取股评、金融新闻文本和股票交易数据的高阶表示 $H_x = BiLSTM_x(E_x)$、$H_y = BiLSTM_y(E_y)$

续表

序号	算法步骤
(3)	利用 Self-attention 机制的特性让 H_x 和 H_y 审视内部并做出自适应的调整 $W_{SA}^x = softmax(H_x \cdot W_1 \cdot H_x^T)$，$S_x = W_{SA}^x \cdot H_x$
(4)	$W_{SA}^y = softmax(H_y \cdot W_2 \cdot H_y^T)$，$S_y = W_{SA}^y \cdot H_y$
(5)	采用融合函数来有效地融合事件结构和文本信息 $H'_x = \sigma(W_f[S_x : E_e ; S_x - E_e : S_x \circ E_e])$
(6)	使用 Co-attention 来交互双模态信息 $f_{att}(i, j) = RELU(h_x'^{iT} \cdot W_3 \cdot s_y^j)$
(7)	基于对另一个模态信息的 Atention 来得到重构的表示 $C_x = \{c_x^1, c_x^2, \cdots, c_x^L\}$ 和 $C_y = \{c_y^1, c_y^2, \cdots, c_y^L\}$ 使用门控机制来合并原始表示和相应的注意力结果
(8)	$G_x = g(H'_x, C_x) \cdot C_x + (1 - g(H'_x, C_x)) \cdot H'_x$，$G_y = g(S_y, C_y) \cdot C_y + (1 - g(S_y, C_y)) \cdot S_y S_y$
(9)	股票盈利预测：$\hat{p}(s \mid x, y, e) = softmaxt(W_p[G_x ; G_y] + b_p)$
(10)	预测事件标签并使用条件随机场（CRF）来优化输出：$\hat{e} = softmax(W_l S_x + b_l)$，$\hat{e}' = CRF(\hat{e})$

资料来源：本书整理。

基于内容的推荐也是现如今最基本的方法之一。它基于用户过去的行动来推断用户将来的行动，无须担忧冷启动问题且具备很强的针对性；其人性化较强，设计工作量小、易于应用，具备很好的分析力。不过它还存在很多显著的缺点。由于基于信息的推荐具有滞后性，而一般的投资者无法对一个板块保持长久的兴趣，一般的推荐方式也不具有对用户兴趣变动的敏感洞察能力，所以推荐的信息不及时。

第四节 基于深度协同过滤的股票推荐子算法分析

模糊 C 均值聚类（FCM）算法是指使目标函数 Jm（U，w）最小化的迭代计算流程。Jm（U，w）值为各数据节点与各聚类树节点间的加权距离平方和。FCM 算法具体步骤如表 7-4 所示。

表 7-4 FCM 算法

序号	算法步骤
(1)	给定类别数 c、参数 m、容许误差 ζ 的值

序号	算法步骤
(2)	随机初始化聚类中心 $\omega_1(k)$，$i=1$，2，$\cdots$，C，并令循环次数 $k=1$
(3)	按隶属度计算式 $\mu_{ij}(k)=\dfrac{1}{\sum\limits_{k=1}^{c}\left[d_{ij}^2(x_j,\omega_j)/d_{kj}^2(x_j,\omega_k)\right]^{1/(m-1)}}$，$i=1$，$\cdots$，$c$，$j=1$，$\cdots$，$N$
(4)	按式 $\omega_i=\dfrac{\sum\limits_{k=1}^{n}(\mu_{ik})^m x_k}{\sum\limits_{k=1}^{n}(\mu_{ik})^m}$ 修正所有的聚类中心 $\omega_i(k+1)$，$i=1$，$\cdots$，c
(5)	计算误差 $e=\sum\limits^{c}\left[\omega_i(k+1)-\omega_i(k)\right]^2$。如果 $e<\zeta$，算法结束；否则，$k=k+1$，转步骤(3)
(6)	样本归类，算法结束后，可按下列方法将所有样本归类：$d_{ij}^2(x_j,\omega_i)<d_{ij}^2(x_j,\omega_k)$，$k=1$，$2$，$\cdots$，$C$，$k\neq i$，则将 x_j 归入第 1 类

资料来源：本书整理。

深度协同过滤技术是推荐功能最佳的非混合推荐方法，其有效性很好，也易于应用。但是深度协同过滤技术忽视了对个人层面的数据收集意愿的不同。因为每个用户都存在独立自主属性，如果一个人喜欢的板块没有被收集到数据库中，他就会被推送到不感兴趣的内容。

第五节 基于混合多专家网络的股票推荐融合算法

实践表明，混合技术对于提高人才推荐有效性、改善人才推荐体系的整体性能，具有很大的积极意义（Zhang，2021）。通过将混合技术与推荐算法进行有机融合，能够改变推荐算法的局限性，最终实现提高混合算法推荐效果的目的。

一、混合多专家模型融合方法设计

近年来，深度神经网络模型被大规模应用，如股票选择。这样的股票推荐系统通常要求同时优化多种目标，如股票价格的走势信息、股票背后公司间的复杂关系、股评和新闻事件文本内容的隐含信息以及投资者画像等。本书希望股票推荐算法可以同时考虑以上多种影响股票价格走势的因素，即可以创建一种混合推荐模型来融合多种方向的股票推荐模型。

本章提出了一种基于混合多专家网络的股票推荐融合算法，可以构建多个模型间的联系，并学习过滤冗余信息、抽取当前需要的重要信息。该模型允许自动分配参数来捕获多模型共享信息或模型特定信息，以避免每次添加许多新参数的需要任务（见图7-3）。

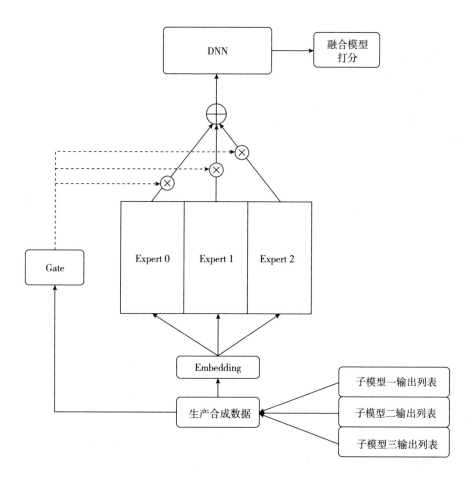

图7-3 基于混合多专家网络的股票推荐融合算法

资料来源：本书整理。

如图7-3所示，有一组底部网络，每个网络都称为专家，在本书的算法中，每个专家是一个前馈网络。本书还为每个子模型引入一个门控网络，softmax 门控网络的输入和输出采用不同权重组合专家，允许不同的子模型以不同的混合方式调用专家。最后聚集的专家随后被传送到最终混合模型塔主网络。这样，不同子模型的门控网络可以学习专家组装的不同混合模式。本章应用了深度学习中的一些最新发现，例如参数调制和集成方法可以来对多模型混合进行建模，集成模型和子网络集成能够提高模型性能。

二、混合多专家模型步骤设计

1. 生产合成数据

多模型融合算法会使用多种模型的输出当作融合模型的输入，多模型融合学习模型的性能也高度依赖于多种模型输入数据中固有的共通性。因此，为了使融合模型能够有更好的效果，本章首先使用不同模型的输出数据改造合成共通的数据作为融合模型的输入，如图 7-4 所示。

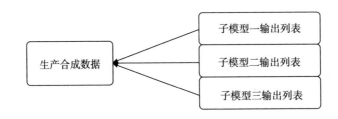

图 7-4　生产合成数据

资料来源：本书整理。

本章采用了前文所述的三种股票推荐模型为信息融合计算的子模型，并考虑了更多数据结合的股票和推荐计算模型中的子算法，分为基于关联规则的行业和股票选择方式、基于内容的推荐子算法和基于深度协同过滤的推荐子算法。这三种子算法输出的共通性是都会输出一个股票列表，因此本章将三个股票列表合成一个列表作为混合多专家融合模型的输入，详细步骤如表 7-5 所示。

表 7-5　生产合成数据

序号	算法步骤
(1)	输入 1：基于关联规则的推荐子算法推荐列表 L_S，包含股票 L_S^i 及其在列表中的位置 i
(2)	输入 2：基于内容的推荐子算法推荐列表 L_t，包含股票 L_t^i 及其在列表中的位置 i

续表

序号	算法步骤
（3）	输入3：基于深度协同过滤的推荐子算法推荐列表 L_c，包含股票 L_c^i 及其在列表中的位置 i
（4）	将三个列表合并打散，$shuffle(L_s, L_t, L_c) => L$，列表中的位置 i 作为一个重要特征 s_0
（5）	对列表 L 中的每只股票 x_i，抽取其公司基础信息和股票基础信息作为特征 s_i
（6）	输出：混合多专家融合模型的输入数据 X，$X=(x_1, x_2, \cdots, x_m)$

资料来源：本书整理。

2. 混合多专家系统

混合多专家系统可根据数据进行分离训练各种专家模型，所有建模的数据输出与门控模式的权重组合为建模的现实数据输出。混合专家网络是一个可以集成多种单独模型的集成模块，其公式为：

$$y = \sum_1^n g(x)_i f_i(x) \tag{7-1}$$

其中，$g(x)_i$ 表示第 i 个 $g(x)$ 输出的 logit，是专家 f_i 的概率；$f_i(i=1, 2, \cdots, n)$ 表示 n 个专家网络；g 表示一个门控网络。

3. 股票推荐融合算法

融合模型中有四个模块：特征嵌入、多专家编码、门控网络和交互输出。

（1）特征嵌入的目的是将输入数 x_i 转换为稠密向量，$x_i = [s_0, s_1, s_2, \cdots, s_n]$。$s_0$ 是股票在子模型输出列表中的位置，$s_0 \in (1, 2, \cdots, n)$；$s_i$ 是股票 x_i 的基础特征，包括公司基础信息和股票基础信息。本章使用随机值初始化的参数矩阵将每个特征映射、嵌入到稠密向量 $s_i \in \mathbb{R}^d$ 中，d 是嵌入维度。最后，将所有特征拼接起来作为多专家网络和门控网络的输入：

$$\boldsymbol{h}_{in} = concat(\boldsymbol{s}_0, \boldsymbol{s}_1, \boldsymbol{s}_2, \cdots, \boldsymbol{s}_n) \tag{7-2}$$

其中，$h_{in} \in \mathbb{R}^{n \times k}$，$k = n \cdot d$。

（2）多专家编码模块。将稠密向量 h_{in} 分别输入多个专家（Expert）网络，专家网络可以由多种神经网络构成，这里由于合并后的数据量较小，本章选择比较容易拟合的多层感知器作为专家网络。由于有三个子模型，本书选择使用三个专家网络来做集成：

$$\boldsymbol{E}_1 = Relu\{Dense_1[Dropout(\boldsymbol{h}_{in}, \beta_1)]\} \tag{7-3}$$

$$\boldsymbol{E}_2 = Relu\{Dense_2[Dropout(\boldsymbol{h}_{in}, \beta_2)]\} \tag{7-4}$$

$$E_3 = Relu \{ Dense_3 [Dropout(\boldsymbol{h}_{in}, \ \beta_3)] \} \qquad (7-5)$$

其中，Dropout 是一个防止模型被错误拟合的方法，在训练中会随机地遮蔽神经元；β_i 是遮蔽的概率；Dense 是多层感知器，其使用的激活方法是 Relu；输出 $E_i \in \mathbb{R}^{n \times k}$。

（3）门控网络。本书为每个专家网络 E_i 添加了一个单独的门控网络 g_i^E，由相同的多层感知器组成，用 Relu 函数激活。

门控网络只是输入的线性变换，带有一个 softmax 层：

$$g_i^E(\boldsymbol{h}_{in}) = softmax(\boldsymbol{W}_i^g \boldsymbol{h}_{in}) \qquad (7-6)$$

其中，$W_i^g \in \mathbb{R}^{l \times k}$ 是一个可训练的矩阵，l 是专家的数量。每个门控网络都可以根据输入数据学习"选择"专家使用。作为一种特殊情况，如果只选择一位得分最高的专家，每个门控网络实际上将输入空间线性地分成一个区域。每个区域对应一位专家，门控网络能够通过互相重叠程度来对各个子模型关系进行建模，如果相关性较低，那么共享专家将受到惩罚，并且这些任务的门控网络将学会利用不同的专家。

（4）交互输出模块。先以门控网络的输出作为权重，再对所有专家输出做一个加权求和：

$$\boldsymbol{h}_{\text{out}} = \sum_1^l g_i^E(\boldsymbol{h}_{in}) \boldsymbol{E}_i \qquad (7-7)$$

其中，l 是专家的个数。

将多专家融合后的稠密向量 $h_{out} \in \mathbb{R}^{n \times k}$ 输入一个作为特征交互的多层感知器，最后输出股票最终推荐列表的排序 y：

$$y = \sigma [\boldsymbol{W}_2 Relu(\boldsymbol{W}_1 \boldsymbol{h}_{out} + \boldsymbol{b}_1) + \boldsymbol{b}_2] \qquad (7-8)$$

其中，σ 是激活函数，W 和 b 是网络权重和偏置。

通过最小化 M 个训练样本的交叉熵损失，来学习参数：

$$loss = \sum_{i=1}^m [\hat{y} \log(y) + (1 - \hat{y}) \log(1 - y)] \qquad (7-9)$$

其中，$\hat{y}$ 是真实推荐列表中该股票是否被用户点击的标签。

最后根据预测分来排序得到推荐列表的 TOP-N 个推荐结果。

第六节 推荐效果评价

为了本书提出的算法模型比提供的方法推荐效果更好，将提供的三种融合方法的混合推荐模型和原有三种算法分别进行对比实验。本实验选取的评估准则如下：

（1）准确率（Precision）。准确率用于有效评估股票推荐结果系统中对投资者偏好结果的预知分析能力，计算的方法一般为系统将所产生的 $TOP-N$ 个股票推荐结果系统中投资者所偏爱的股票数与所被选择的股票数 N 的比率。其公式如下：

$$precison = \frac{\sum_{u \in U} |R(u) \cap T(u)|}{\sum_{u \in U} |R(u)|} \tag{7-10}$$

其中，U 为用户总量；$R(u)$ 为每个投资者产生的推荐结果集；$T(u)$ 为投资者实际的行为结果集。

（2）召回率（Recall）。为了准确评估股票推荐系统产生的股票实际的推荐效果，计算的方法一般为将系统产生的股票 $TOP-N$ 个推荐测试结果中投资者所偏爱的股票数与测试结果集中测试投资者所偏爱的股票数之间的比例。其公式如下：

$$recall = \frac{\sum_{u \in U} |R(u) \cap T(u)|}{\sum_{u \in U} T(u)} \tag{7-11}$$

（3）MCC。本章还使用 MCC（Matthew's Correlation Coefficient）来进行评估。本书使用 MCC 是因为它可以避免由于数据偏颇导致的偏差，它不依赖于正类的选择并考虑了真负类。对于给定的混淆矩阵 $\begin{pmatrix} tp & fn \\ fp & tn \end{pmatrix}$：

$$MCC = \frac{tp \times tn - fp \times fn}{\sqrt{(tp+fp)(tp+fn)(tn+fp)(tn+fn)}} \tag{7-12}$$

经测算，当推荐长度为 5、10、15、20、25 和 30 时，其推荐算法的准确度、召回率和 MCC 值如表 7-6 至表 7-8、图 7-5 至图 7-7 所示。

表 7-6　不同推荐长度时的准确率对比

算法	Top-5	Top-10	Top-15	Top-20	Top-25	Top-30
关联规则推荐	57.00	49.00	41.90	39.90	34.18	33.18
文本内容推荐	50.00	41.90	38.50	35.79	32.80	31.80
深度协同过滤推荐	62.80	55.28	52.20	40.33	38.66	36.50
多专家网络混合推荐	82.00	75.00	74.63	58.94	55.60	54.30

资料来源：本书整理。

表 7-7　不同推荐长度时的召回率对比

算法	Top-5	Top-10	Top-15	Top-20	Top-25	Top-30
关联规则推荐	19.50	21.00	31.25	31.50	35.70	36.10
文本内容推荐	28.00	31.25	35.50	37.50	37.60	38.50
深度协同过滤推荐	26.50	29.30	36.50	39.40	45.26	46.96
多专家网络混合推荐	25.49	28.26	39.50	41.82	47.25	48.00

资料来源：本书整理。

表 7-8　不同推荐长度时的 MCC 值对比

算法	Top-5	Top-10	Top-15	Top-20	Top-25	Top-30
关联规则推荐	0.290	0.294	0.358	0.352	0.349	0.345
文本内容推荐	0.359	0.358	0.369	0.366	0.350	0.348
深度协同过滤推荐	0.372	0.383	0.429	0.398	0.417	0.410
多专家网络混合推荐	0.388	0.410	0.466	0.449	0.470	0.469

资料来源：本书整理。

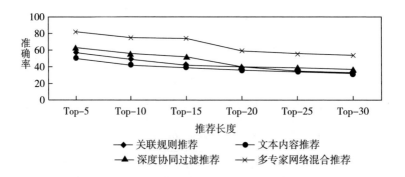

图 7-5　各推荐算法准确率对比

资料来源：本书整理。

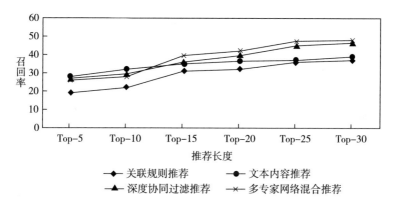

图 7-6　各推荐算法召回率对比

资料来源：本书整理。

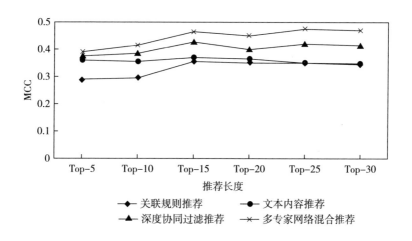

图 7-7　各推荐算法 MCC 值对比

资料来源：本书整理。

表 7-6 和图 7-5 表明，在确保股票推荐只数相同的情况下，多专家的混合算法准确率高于单纯根据中短期的股票信息和公司关系的图表、文本等资料进行深度协同过滤后的推荐算法。当推荐长度超过或等于 25 时，准确率趋于稳定状态。

表 7-7 和图 7-6 表明，多专家网络混合算法与推荐算法的召回效率随着推送长度的增加，逐渐优于单纯基于中短期股价信息和股票关系的以及对文本内容进行深度协同过滤的推送算法。当推荐长度大于等于 15 时，混合选择方式的召回比例高于其他选择方式。

表7-8和图7-7表明，多专家网络混合推荐算法的MCC值也高于其他单独推荐方案。当推荐长度大于等于25时，MCC值逐渐趋于稳定状态。

综上所述，多专家混合算法优于单独基于关联规则、文本内容以及深度协同过滤的推荐方法，在为投资者推荐股票时，有更高的准确率，推荐效果更加显著。

第七节　本章小结

本章的研究内容聚焦于前文提出的基于关联规则的推荐子算法、基于文本内容的股票智能推荐子算法和基于深度协同过滤的股票智能推荐子算法，将三者进行混合推荐算法模型的构建。本章先针对混合推荐算法模型的框架进行展示，再针对数据处理中的核心过程进行描述，然后介绍前文提出的子算法对应的伪代码，最终构建出面向投资者的股票混合推荐算法模型。通过对比分析表明，基于混合多专家网络的股票推荐融合算法优于三种单独的推荐子算法，因此面向投资者的股票混合推荐算法模型有助于提高股票的推荐效果。

第八章 结论与展望

第一节 主要结论

本书将智能投顾与个性化选择的有关概念相结合，探讨了基于投资者画像的股票个性化推荐技术。在建立股票市场智能投顾的投资者画像的基础上、采用多个选择方法相结合的方法，建立了基于投资者的股票综合推荐模型，并利用算例研究检验了建模与技术的正确性，得出以下结果：

第一，基于股票投资者的偏好行为刻画了智能投顾的用户画像，从投资能力标签、行为特征标签、行业偏好标签、地域偏好标签与风险偏好标签等方面构建了股票投资者事实标签、分类模型标签和评价模型标签体系。采用 AHP 与 Gradient Boosting 算法相结合的方法构建了用户分类标签模型；其中，具体包括个人基本信息、用户现有资产、用户活跃度、用户偏好特征、社交影响力和社交活跃度等特征维度。通过层次分析法确定了智能投顾用户画像特征指标体系的权重，采用 Gradient Boosting 的算法学习机制，实现了股票投资者的有效刻画。在此基础上，通过 TOPSIS 法构建了股票投资者标签的评价模型。

第二，结合关联规则的算法优势，设计了面向股票投资者关联规则的股票智能推荐子算法。从股票板块与股票质量两个层面，基于改进的 Apriori 算法构建了基于关联规则的股票智能推荐子算法。其中，国家政策法规、企业自身运行状况、市场技术发展趋势和经济周期等是影响股票板块之间相互联系的根本原因。获利能力、经营实力等作为股价质量的重要指标，通过 K-Means 算法的聚类分析，不仅识别了有效的投资标的范围，而且判断了其内部与股票的涨跌关联度的强弱差异。

第三，利用基于文本内容的算法优势，设计了面向股票投资者的基于股票内容的智能推荐子算法。基于 TF-IDF 和 Word2vec 的股票文本建模与相似度计算方法，构建了基于文本内容的股票智能推荐子算法，挖掘出将股票特征与投资者内部非结构化的文本特征信息。其中，提出股票与投资者文本的词频信息和语义信息，凭借 Word2vec 词向量的语义信息优势，计算股票之间文本内容信息的相似度，再进行排名，根据排名完成推荐。股票介绍、股票评论、股票名称等不同文本数据有着差异化的推荐效能。

第四，基于投资者投资目标的分解与投资过程解析，设计了基于深度协同过滤的股票智能推荐子算法。通过构建股票检索问题的形式化描述，采取模糊聚类与多阶段股票匹配，设计了深度协同过滤的股票智能推荐子算法。股票投资呈现出个人风险评估、家庭财务状况评估、指定投资目标、指定资产配置方案、资产配置方案的检测与调整五阶段的过程，基于用户偏好的模糊聚类与多阶段股票匹配为提升推荐效能奠定了基础。本书将深度学习算法优化融入近邻协同过滤推荐算法，生成股票推荐。

第五，面向投资者构建了多层次的融合推荐体系和多阶段融合算法。融合三种子算法的优势，进行阶段化融合，设计了面向投资者的股票混合推荐算法模型，提出了包括数据预处理层、子算法层、推荐算法融合层和模型效果评价层的多层推荐框架。其中，通过生产合成数据、混合多专家系统和融合模型中的模块设计三个阶段实现了融合的推荐模型，并对模型的推荐性能进行了评价。

第二节　主要创新

第一，基于投资者行为偏好视角，构建了股票投资者智能投顾的用户画像模型。现有研究虽然识别了大量的股票投资者购买偏好，但是依旧停留在传统的投资组合建议，而用户画像的相关研究则仅聚焦于互联网用户的网络行为。本书将股票行业的投资者选择偏好和投资者画像研究跨界融合，采用股票的智能投顾逻辑架构，建立包括信息收集、挖掘及筛选和标签获取及整合的投资者画像过程，从投资能力标签、行为特征标签、行业偏好标签、地域偏好标签与风险偏好标签五个方面构建了股票投资者的画像标签体系。在此基础上，基于 Gradient Boosting 算法学习机制和 TOPSIS 的算法优势，构建了股票的投资者标签分类和评价模型。

第二，基于关联规则、文本内容和深度协同过滤，分别构建了投资者股票智能推荐子算法。目前研究人员已经确定了基于关联规则、内容和协同过滤的推荐方式和技术的优点，但是算法仍然具有数据稀疏性、冷启动、长尾效应等问题。本书将三种算法分别进行了改进：针对关联规则利用其信息的联动优势，挖掘股票行业和股票指数的内部关联的行业联动与个股涨跌趋势，同时兼顾两个层面的信息实现基于 Apriori 的股票推荐；针对基于文本内容推荐的非结构化优势，综合采用 TF-IDF 和 Word2vec 的股票文本建模方法，计算股票文本内容向量之间的相似度；针对数据稀疏性问题，通过匹配，结合深度学习算法优化近邻协同过滤算法，生成个性化的股票推荐列表。

第三，构建了数据预处理层、子算法层、推荐算法融合层和模型效果评价层的融合推荐体系，以及算法前期、中期和后期的多阶段融合算法。现有研究虽然从多视角构建了个性化的混合推荐算法，但是尚未应用在智能投顾的股票推荐领域；并且推荐算法多是基于结果的混合，忽略了过程与体系的兼容性。本书立足于股票投资者智能投顾的股票配置的选择与推荐的整体需求，构建了混合多专家网络融合算法，实现了生产合成数据、混合多专家系统和股票推荐融合的多阶段融合推荐流程，并通过算例验证了算法的有效性。

第三节　主要局限与展望

总体上说，本书初步实现了预定的学术方向，且具备相当的思想创新性和现实意义，但本书又存在一定的不足，主要表现在以下三个方面：

（1）本书数据来源于个人投资者/机构投资者行为、上市公司基本数据、股票基本数据、股票投资者持股信息和其他相关信息，虽然此方法已经被大量研究所采用，但仍具有一定的局限性。第一，用户画像主要针对的是我国的个人投资者/机构投资者，缺乏国外个人投资者/机构投资者的相关数据。第二，由于缺乏权威的数据库，本书只能通过间接数据表征股票投资者/机构投资者的行为，如果能结合问卷调查直接获取数据，研究结论将更加具有可信度。因此，寻求更好的数据来源对未来的研究尤为迫切。

（2）本书构建了股票投资者智能投顾的股票推荐模型与方法，且这种划分方法既包括了股票检索、股票模糊聚类、多阶段的股票匹配等过程，也涵盖了关联规则、文本内容和深度协同过滤等方法。本书还试图通过构建融合的推荐混合算法模型，计划将股票散户智能投顾完整过程中涉及的各类问题纳入统一研究框架。尽管如此，目前仅仅研究了智能的推荐模型方法，尚未得到商业化应用和模块化的系统开发，这个问题留待未来的研究解决。

（3）尽管本书利用数据挖掘方法实现了中国市场个人投资者/机构投资者行为数据的收集、清洗，但是数据仍然有限。如果能够获取到海量的现实数据，对本书的推荐模型和算法进行训练，那么本书模型的有效性将得到进一步的提升，推荐的效果和投资者的收益率也能够得到最大限度的检验。未来的研究可以考虑将投资者与环境的动态性问题纳入面向个性化服务的股票智能投顾模型及应用研究。

参考文献

［1］Wei J, He J, Chen K, et al. Collaborative filtering and deep learning based recommendation system for cold start items ［J］. Expert Systems with Applications, 2017, 69: 29-39.

［2］Joachims T, Granka L, Pan B, et al. Accurately interpreting click through data as implicit feedback ［J］. ACM SIGIR Forum, 2017, 51 (1): 4-11.

［3］Alvarez R, Jara M, Pombo C. Do institutional block holders influence corporate investment? Evidence from emerging markets ［J］. Journal of Corporate Finance, 2018, 53: 38-64.

［4］Belkhir M, Saad M, Samet A. Stock extreme illiquidity and the cost of capital ［J］. Journal of Banking and Finance, 2018, 112 (C): 1-22.

［5］Beyer A, Larcker D F, Tayan B. Does the composition of a company's shareholder base really matter? ［R］. Working Paper, Stanford University, 2016.

［6］Brogaard J, Li D, Xia Y. Stock liquidity and default risk ［J］. Journal of Financial Economics, 2017, 124 (3): 486-502.

［7］Crane A D, Michenaud S, Weston J P. The effect of institutional ownership on payout policy: Evidence from index thresholds ［J］. The Review of Financial Studies, 2016, 29 (6): 1377-1480.

［8］Conrad J S, Dittmar R F, Ghysels E. Ex ante skewness and expected stock returns ［J］. The Journal of Finance, 2013, 68 (1): 85-124.

［9］Asadifar S, Kahani M. Semantic association rule mining: A new approach for stock market prediction ［C］// 2017 2nd Conference on Swarm Intelligence and Evolutionary Computation (CSIEC). IEEE, 2017.

［10］刘丽娜，吴新玲．基于二阶分段式的 Apriori 算法优化［J］．计算机工程与设计，2021，42（7）：130-135.

［11］Beheshti S, Sedghizadeh S. Number of source signal estimation by mean squared eigenvalue error（MSEE）［J］．IEEE Transactions on Signal Processing, 2018（99）：1.

［12］崔艳鹏，史科杏，胡建伟．基于 XGBoost 算法的 Webshell 检测方法研究［J］．计算机科学，2018，45（B06）：5.

［13］王志平，傅敏，王沛文．概率犹豫模糊环境下基于前景理论和 TOPSIS 法的多属性群决策模型［J］．科学技术与工程，2022，22/4：1329-1337.

［14］Zhang Y , Zhu B. Stock price contagion effects through investment banks［J］．Applied Economics, 2021（2）：1-19.

［15］涂明辉．证券投资顾问制度研究［J］．楚天法治，2017（1）：3.

［16］王垚．关于国内券商投资顾问业务模式和发展方向的研讨［J］．企业导报，2013（16）：2.

［17］王光宇．商业银行发展个人投资顾问服务的思考［J］．银行家，2011（12）：5.

［18］方俊，张鹏，戴绍斌．基建项目资产证券化的风险与控制［J］．理工高教研究，2007（4）：88-90.

［19］Glenn M. Ready to dig in［J］．Financial Review Smart Investor, 2011, 4：1.

［20］Ellis K, Michaely R, O'Hara M. Competition in investment banking［J］．Review of Development Finance, 2006, 1（1）：28-46.

［21］Lu S. Evaluation of mutual fund performance and advisory fees in China［D］．University of Nottingham, 2007.

［22］Puntoni S, de Langhc B. Productivity metrics and consumers' misunderstanding of time savings［J］．Journal of Marketing Research, 2016, LⅢ：396-406.

［23］周杰，薛有志．公司治理缺陷披露引发的市场反应——兼论多元化战略对治理需求的影响［J］．证券市场导报，2008（3）：6.

［24］巴曙松．人工智能与区块链投资机会多［J］．支点，2017（3）：1.

［25］黄蕊．互联网金融时代证券投资顾问业务的困境与突破［J］．金融理论与教学，2016（2）：4.

［26］王文杰.金融科技及其在我国证券业的应用场景探究［J］.湖北经济学院学报（人文社会科学版），2018，15（2）：3.

［27］Ospina M. Responsible investment：The reward of managing social risk［J］. CIM Magazine，2014，9（7）：32-33.

［28］Schillinger D，Borden M J，Stolarski H K. Isogeometric collocation for phase-field fracture models［J］. Computer Methods in Applied Mechanics and Engineering，2015，284（1）：583-610.

［29］徐慧中.我国智能投顾的监管难点及对策［J］.金融发展研究，2016（7）：86-88.

［30］吴畏.投资失误，警钟为谁而鸣？［J］.改革先声，2000（1）：30-42.

［31］经济服务化将成为中国产业新常态［J］.商业文化，2014（20）：37.

［32］黄林，李长银.智能化对银行业的影响及应对策略［J］.经济纵横，2017（10）：6.

［33］Li L，Wang J. Efficiency analysis of machine learning intelligent investment based on k-means algorithm［J］. IEEE Access，2020（8）：147463-147470.

［34］Yonvitner，Agus S B，Perdinan，et al. A framework of artificial intelligent for investment assessment in coastal and small island area，relate to disaster risk［J］. IOP Conference Series：Earth and Environmental Science，2021，744（1）：012104.

［35］Miroforidis J. Bounds on efficient outcomes for large-scale cardinality-constrained Markowitz problems［J］. Journal of Global Optimization，2021，80（3）：617-634.

［36］Day M Y，Lin J T. Artificial intelligence for ETF market prediction and portfolio optimization［C］// ASONAM'19：International Conference on Advances in Social Networks Analysis and Mining，2019.

［37］薛敬明.智能金融的关键技术研究［D］.国防科学技术大学，2018.

［38］Lee D H，Kim S H，Jang D H，et al. A methodology of constructing a decision path for IT investment［J］. Journal of Strategic Information Systems，2000，9（1）：17-38.

［39］Banerjee P. Review of "About Face 2.0：The essentials of interaction design" by Alan Cooper and Robert Reimann John Wiley & Sons，2003［M］. Palgrave Macmillan，2004.

［40］Ji Y, Massanari R M, Ager J, et al. A fuzzy logic－based computational recognition－primed decision model ［J］. Information Sciences An International Journal, 2007, 177（20）: 4338-4353.

［41］Quintana－Orti E S, Geijn R. Updating an LU factorization with pivoting ［J］. ACM Transactions on Mathematical Software（TOMS）, 2008, 35（2）: 45-60.

［42］谭浩, 冯安然, 等. 基于用户角色的调研方法研究 ［J］. 包装工程, 2017, 38（16）: 4.

［43］Sumner C, Byer A, Boochever R, et al. Predicting dark triad persordlity tvaits from twitter usage and a linguistic analysis of tweet3 ［C］ //2012 llth International Conference on Machine Learning and Applications. IEEE, 2012, 2: 386-393.

［44］Chikhaoui B, Wang S, Pigot H. ADR－SPLDA: Activity discovery and recognition by combining sequential patterns and latent Dirichlet allocation ［J］. Pervasive & Mobile Computing, 2012, 8（6）: 845-862.

［45］韦良珍. 大数据环境下用户画像在图书馆的应用 ［J］. 中华医学图书情报杂志, 2018, 27（3）: 5.

［46］龚新刚, 沈丽娟, 胡之茜. 以读者为中心的基础数据库建设 ［J］. 图书情报工作, 2016（S1）: 4.

［47］Lerouge C, Ma J, Sneha S, et al. User profiles and personas in the design and development of consumer health technologies ［J］. International Journal of Medical Informatics, 2013, 82（11）: 251-268.

［48］Marshall R. Design modularisation: A systems engineering based methodology for enhanced product realisation ［D］. Loughborough University, 1998.

［49］Liu Y. Constructing a global backbone of science Based on inter－category co－membership of journals ［D］. Journal of the China Society for Scientific and Technical Information, 2018, 37（6）: 580-589.

［50］张哲. 基于微博数据的用户画像系统的设计与实现 ［D］. 华中科技大学, 2015.

［51］赵曙光. 高转化率的社交媒体用户画像: 基于 500 用户的深访研究 ［J］. 现代传播—中国传媒大学学报, 2014（6）: 6.

［52］韩梅花, 赵景秀. 基于"用户画像"的阅读疗法模式研究——以抑郁症为例 ［J］. 大学图书馆学报, 2017, 35（6）: 6.

［53］Zhou D, He E. Research on web_based personal knowledge management ［C］// Pacific-asia Conference on Knowledge Engineering & Software Engineering. IEEE Computer Society, 2009.

［54］Xia, Jun B. E-commerce product recommendation method based on collaborative filtering technology ［C］// International Conference on Smart Grid & Electrical Automation. IEEE, 2016：90-93.

［55］Gong S. Joining case-based reasoning and item-based collaborative filtering in recommender systems ［C］// Second International Symposium on Electronic Commerce & Security, 2009.

［56］冯兴杰, 生晓宇. 基于图神经网络与深度学习的商品推荐算法 ［J］. 计算机应用研究, 2021, 38（12）：6.

［57］Sarwar S S, Panda P, Roy K. Gabor filter assisted energy efficient fast learning convolutional neural networks ［C］// 2017 IEEE/ACM International Symposium on Low Power Electronics and Design（ISLPED）. IEEE, 2017.

［58］Gong Y, Gong C, Tan L. A balanced serial k-means based clustering protocol for wireless sensor networks ［C］// International Conference on Wireless Communications. IEEE, 2008.

［59］桑治平, 何聚厚. 基于 Hadoop 的多特征协同过滤算法研究 ［J］. 计算机应用研究, 2014, 31（12）：4.

［60］Osadchiy T, Poliakov I, Olivier P, et al. Recommender system based on pairwise association rules ［J］. Expert Systems with Application, 2019, 115（1）：535-542.

［61］芮萌, 孙彦丛, 王清河. 中国股票市场交易量是否包含预测股票收益的信息研究 ［J］. 统计研究, 2003（3）：5.

［62］张应应. 稳健性因子分析在股票评价中的应用 ［J］. 统计与决策, 2015（16）：4.

［63］郝瑞, 张悦. 基于因子分析和聚类分析的股票分析方法 ［J］. 时代金融, 2014（26）：4.

［64］Patari E, Leivo T, Honkapuro S. Enhancement of equity portfolio performance using data envelopment analysis ［J］. European Journal of Operational Research, 2012, 220（3）：786-797.

［65］Lin T T, Lee C C, Chiu T F. Application of DEA in analyzing a bank's operating performance ［J］. Expert Systems with Applications, 2009, 36（5）: 8883-8891.

［66］Guerard J B, Markowitz H, Xu G L. Earnings forecasting in a global stock selection model and efficient portfolio construction and management ［J］. International Journal of Forecasting, 2015, 31（2）: 550-560.

［67］Greenburg, Zack, O'Malley. Hobbling. ［J］. Forbes, 2007, 180（5）: 208-208.

［68］于卓熙, 秦璐, 等. 基于主成分分析与广义回归神经网络的股票价格预测 ［J］. 统计与决策, 2018（18）: 4.

［69］Lütje T, Menkhoff L. What drives home bias? Evidence from fund managers' views ［J］. International Journal of Finance & Economics, 2010, 12（1）: 21-35.

［70］王志刚, 曾勇, 李平. 价格对信息调整的速度: 我国证券市场的实证研究 ［J］. 系统工程理论方法应用, 2005, 14（1）: 6.

［71］Brown Jr. F. Financial market analysis using a kinetics model ［C］ // Iet International Radar Conference. IET Digital Library, 2013.

［72］Neely C J. The temporal pattern of trading rule returns and central bank intervention: Intervention does not generate technical trading rule profits ［J］. Journal of International Economics, 2002, 58（1）: 211-232.

［73］Baker M, Wurgler J. Investor sentiment in the stock market ［J］. Journal of Economic Perspectives, 2007, 21（2）: 129-152.

［74］Shanguo, Huang, Yu, et al. Fragmentation assessment based on-line routing and spectrum allocation for intra-data-center networks with centralized control ［J］. Optical Switching & Networking, 2014, 14: 274-281.

［75］Fang V W, Noe T H, Tice S. Stock market liquidity and firm value ［J］. Journal of Fiancial Economics, 2009, 91（1）: 150-169.

［76］Jackson H E. Variation in the intensity of financial regulation: Preliminary evidence and potential implications ［J］. Yale Journal on Regulation, 2007, 24（2）: 253.

［77］Ishigami S, Takeda F. Market reactions to stock rating and target price changes in analyst reports: Evidence from Japan ［J］. Journal of International Financial Markets Institutions & Money, 2018, 52: 134-151.

[78] Scharfstein D, Stein J, Review A E, et al. Herd behavior and investment [J]. American Economic Review 1990, 80 (Jun.): 465-479.

[79] Harrison J S, Boivie S, Sharp N Y, et al. Saving face: How exit in response to negative press and star analyst downgrades reflects reputation maintenance by directors [J]. Academy of Management Journal, 2018 (3): 61.

[80] Frijns B, Huynh T D. Herding in analysts' recommendations: The role of media [J]. Journal of Banking & Finance, 2018, 91 (6): 1-18.

[81] Li Z, Chen C, Lin B. Does short selling improve price efficiency in the Chinese stock market? Evidence from natural experiments [J]. Economic Research Journal, 2015 (5): 165-177.

[82] Mittermayer M A, Knolmayer G F. NewsCATS: A bews categorization and trading system [C] // IEEE International Conference on Data Mining, 2006.

[83] Kwong K M, Wong M, Lee R, et al. Financial trend forecasting with fuzzy chaotic oscillatory-based neural networks (CONN) [C] // FUZZ-IEEE 2009, IEEE International Conference on Fuzzy Systems, Jeju Island, Korea, 20-24 August 2009, Proceedings. IEEE, 2009.

[84] Sehgal V, Song C. SOPS: Stock prediction using web sentiment [C] // Workshops Proceedings of the 7th IEEE International Conference on Data Mining (ICDM 2007), October 28-31, 2007, Omaha, Nebraska, USA. IEEE, 2007.

[85] Wu G, Hou C, Lin J. Can economic news predict Taiwan stock market returns? [J]. Asia Pacific Management Review, 2019, 24 (1): 54-59.

[86] Cao Q, Leggio K B, Schniederjans M J. A comparison between Fama and French's model and artificial neural networks in predicting the Chinese stock market [J]. Computers & Operations Research, 2005, 32 (10): 2499-2512.

[87] Olson D, Mossman C, Mossman, C. Neural network forecasts of Canadian stock returns using accounting ratios [J]. International Journal of Forecasting, 2003, 19 (3): 453-465.

[88] Oezbay Y, Kara S, Latifoglu F, et al. Complex-valued wavelet artificial neural network for Doppler signals classifying [J]. Artificial Intelligence in Medicine, 2007, 40 (2): 143-156.

　　［89］Fu X Y, Du J H, Guo Y F, et al. A machine learning framework for stock selection ［Z］. arXiv, 1806.01743, 2018.

　　［90］李聪, 杨德平, 孙海涛. 基于 EMD 与 BP 神经网络的中国股票指数期货价格预测 ［J］. 青岛大学学报（自然科学版）, 2012, 25（2）: 5.

　　［91］崔建福, 李兴绪. 股票价格预测: GARCH 模型与 BP 神经网络模型的比较 ［J］. 统计与决策, 2004,（6）: 21-22.

　　［92］兰强太. 基于主成分分析和 BP 神经网络算法的综合选股实证研究 ［D］. 暨南大学, 2017.

　　［93］余传明, 龚雨田, 王峰, 等. 基于文本价格融合模型的股票趋势预测 ［J］. 数据分析与知识发现, 2018, 2（12）: 10.

　　［94］Kumar M, Dasgupta R, Singha D K, et al. Petro physical evaluation of well log data and rock physics modeling for characterization of Eocene reservoir in Chandmari oil field of Assam-Arakan basin, India ［J］. Journal of Petroleum Exploration and Production Technology, 2018, 8: 323-340.

　　［95］Onan A. Two-stage topic extraction model for bibliometric data analysis based on word embeddings and clustering ［J］. IEEE Access, 2019, 7: 145614-145633.

　　［96］Joachims T, Granka L, Pan B, et al. Accurately interpreting click through data as implicit feedback ［J］. ACM SIGIR Forum, 2017, 51（1）: 4-11.

　　［97］Chemical Fibers International: Fibers Polymers, Fibers, Texturing, and Spunbonds group. adidas Anchor investor in Spinnova ［J］. Chemical Fibers International: Fibers Polymers, Fibers, Texturing, and Spunbonds, 2021, 71（3）: 107-108.

　　［98］Alvarez R, Jara M, Pombo C. Do institutional blockholders influence corporate investment? Evidence from emerging markets ［J］. Journal of Corporate Finance, 2018, 53: 38-64.

　　［99］Belkhir M, Saad M, Samet A. Stock extreme illiquidity and the cost of capital ［J］. Journal of Banking and Finance, 2018, 112: 105281.

　　［100］Beyer A, Larcker D F, Tayan B. Does the composition of a company's shareholder base really matter? ［R］. Working Paper, Stanford University, 2014.

　　［101］Brogaard J, Li D, Xia Y. Stock liquidity and default risk ［J］. Journal of

Financial Economics, 2017, 124 (3): 486-502.

[102] 袁金宇.基于金融资产配置差异的家庭财务状况比较分析 [J]. 财会通讯, 2016 (9): 12-14.

[103] Zhang M. Research on financial management model based on computer information technology [J]. Annals of Operations Research, 2021, 326 (Suppl1): 1-21.

[104] Salisu A A, Cunado J, Isah K, et al. Stock markets and exchange rate behaviour of the BRICS [R]. Working Papers, 2020.

[105] Wang L. A study on dynamic adjustment behavior of asset-liability ratio of manufacturing listed companies in China [J]. Advanced Materials Research, 2012, 468-471: 471-475.

[106] Bezdek J C, Ehrlich R, Full W. FCM: The fuzzy c -means clustering algorithm [J]. Computers & Geosciences, 2017, 10 (2-3): 191-203.

[107] Khulaidah E Z, Irsalinda N. FCM using squared euclidean distance for e-commerce classification in Indonesia [J]. Journal of Physics: Conference Series, 2020, 1613 (1): 012071.

[108] Beyer A, Larcker D F, Tayan B. Does the composition of a company's shareholder base really matter? [R]. Working Paper, Stanford University, 2016.

[109] Qiang G, Sun L, Huang Q. ID3 algorithm and its improved algorithm in agricultural planting decision [J]. IOP Conference Series: Earth and Environmental Science, 2020, 474 (3): 032025.

[110] Kustiyahningsih Y, Mula'ab, Hasanah N. Metode Fuzzy ID3 Untuk Klasifikasi Status Preeklamsi Ibu Hamil [J]. Teknika, 2020, 9 (1): 74-80.

[111] Ruiz A B, Saborido R, J D Bermúdez, et al. Preference-based evolutionary multi-objective optimization for portfolio selection: A new credibilistic model under investor preferences [J]. Journal of Global Optimization, 2020, 76 (2): 295-315.

[112] Liu X, Liu B, Han X. Analysis of herd effect of investor's behavior from the perspective of behavioral finance [C] // 2019 International Conferenee on Management, Enducation Technology and Economics (ICMETE 2019), 2019: 559-563.

[113] Kaushik S, Kamboj G, Kakkar D. Trade-offs between investors' perceptions of risk, returns, service quality, and mutual fund investments [J]. Indian Journal of Finance, 2013, 7 (12): 27-37.

［114］Qing C, Li S, Xia H, et al. Precision medical model research based on the user portrait ［J］. Basic & clinical pharmacology & toxicology, 2016 (Suppl. 4): 119.

［115］Jain A, Nagar S, Singh P K, et al. EMUCF: Enhanced multistage user-based collaborative filtering through non-linear similarity for recommendation systems ［J］. Expert Systems with Applications, 2020, 161 (Dec.): 113724. 1-113724. 22

［116］Nurdewanto B, Sonalitha E, Zubair A, et al. Taxonomy of artist and art works using hybrid TF-IDF fuzzy C-means clustering ［J］. International Journal of Advanced Science and Technology, 2020, 29 (3): 12066-12075.

［117］Cao Q, Parry M E, Leggio K B. The three-factor model and artificial neural networks: Predicting stock price movement in China ［J］. Annals of Operations Research, 2011, 185 (1): 25-44.

［118］Vikas G, Shalini A, Pooja T, et al. Applications of artificial intelligence in business and finance: Modern trends［M］. CRC Press, 2020.

［119］Manchuna S. Behavioural finance in an era of artificial intelligence: Longitudinal case study of robo-advisors in investment decisions ［J］. Journal of Behavioral and Experimental Pinance, 2020, 27: 100297.

［120］Lee J. Access to finance for artificial intelligence regulation in the financial services industry. European Business Organization Law Review, 2020, 21 (4): 731-757.

［121］Wang Y, Xu J, Wu A, et al. Telepath: Understanding users from a human vision perspective in large-scale recommender systems ［J］. arXiv: 1709. 00300, 2017.

［122］Tan W, Tan Y. An exploratory investigation of the investment information search behavior of individual domestic investors ［J］. Telematics and Informatics, 2012, 29 (2): 187-203.

［123］Allini A, Aria M, Macchioni R , et al. Motivations behind users'participation in the standard-setting process: Focus on financial analysts ［J］. Journal of Accounting & Public Policy, 2018, 37 (3): 207-225.

［124］Raman T, Smriti S, Rajat G. Investigation of artificial intelligence techniques in finance and marketing ［J］. Proceclia Computer Science, 2020, 173: 149-157.

［125］Albayrak E, Erensal Y C. Using analytic hierarchy process (AHP) to improve human performance: An application of multiple criteria decision making problem [J]. Journal of Intelligent Manufacturing, 2004, 15 (4): 491-503.

[126] Shannon C E. A mathematical theory of communication [J]. Bell Systems Technical Journal, 1948, 27 (4): 623-656.

[127] Shannon C E. Mathematical Theory of Computation [M]. McGraw-Hill, 1974.

[128] Hong F, Xing W. Research on using audio reading platform to carry out user service in library based on big data platform [J]. Journal of the Library Science Society of Sichuan, 2019, 4: 33-37.

[129] Zheng L, Wang S. Study of SCI evaluation model of scientific research based on LDA [J]. Library and Information Service, 2009, 53 (6): 51-53+129.

[130] Phon-Amnuaisuk S. Exploring Music21 and Gensim for Music Data Analysis and Visualization [M]. Springer, Singapore, 2019.

[131] Cheng K, Huang M, Fu C, et al. Establishing a multiple-criteria decision-making model for stock investment decisions using data mining techniques [J]. Sustainability, 2021, 13 (6): 3100.

[132] Argiddi R V, Patel S T. Inter-stock trend prediction of stock market using outlier mining and association rule mining [J]. International Journal of Computer Applications, 2017, 166 (5): 14-15.

[133] Yue X, Shi F. Stock pattern mining and correspondence analysis based on association rules [J]. Journal of Data Analysis and Information Processing, 2017, 5 (3).

[134] Omar F, Harit S, Basma E F. Investment sensitivity to stock prices: Affiliation effect [J]. The Indian Economic Journal, 2020, 67 (1-2): 170-173.

[135] Fayyad U M. Data mining and knowledge discovery: Making sense out of data [J]. IEEExpert: Inteligent System and Their Applications, 2016, 11 (5): 20-25.

[136] Tsaih R, Hsu Y, Lai CC. Forecasting S&P500 stock index futures with a hybrid AI system [J]. Decision Support System, 2015, 23 (2): 161-174.

[137] Utthammajai K, Leesutthipornchai P. Association mining on stock index indicators [J]. International Journal of Computer and Communication Engineering, 2015, 4 (1).

[138] Golan R, Ziarko W. Method for stock market analysis utilizing rough set

theory [J]. Proc of IEEE/LAFE conference on Computational Intelligence for Financial Engineering, NewJersy, 2015, 32: 121565.

[139] Ma C, Lu S, Wang S. Research on clustering application based on stock association network [J]. Journal of Physics Conference Series, 2020, 1575: 012038.

[140] Duan J, Liu H, Zeng J. Posterior probability model for stock return prediction based on analyst's recommendation behavior [J]. Knowledge-Based Systems, 2013, 50 (9): 151-158.

[141] 姚海祥, 黎俊伟, 夏晟皓, 陈树敏. 基于 Apriori 算法和神经网络的模糊交易决策 [J]. 系统科学与数学, 2021, 41 (10): 2868-2891.

[142] Yang J, Gao H, Ye S, et al. Applying multiple types of demand response to optimal day-ahead stochastic scheduling in the distribution network [J]. IET Generation Transmission & Distribution, 2020, 14 (20): 4509-4519.

[143] Yang H, Ding Y, Zhang X. Analysis of Volatility characteristics of Chinese and American financial markets based on SV model [C]//2021 2nd International Conference on Artificial Intelligence and Computer Engineering (ICAICE). IEEE, 2021: 472-477.

[144] Zuo L, Wang C, Sun Q. Sustaining WEEE collection business in China: The case of online to offline (O2O) development strategies [J]. Waste Management, 2020, 101: 222-230.

[145] Xi X, An H. Research on energy stock market associated network structure based on financial indicators [J]. Physica A: Statistical Mechanics and its Applications, 2018, 490: 1309-1323.

[146] Diesburg S M, Wang A. A survey of confidential data storage and deletion methods [J]. Acm Computing Surveys, 2010, 43 (1): 1-37.

[147] Cheng K C, Huang M J, Fu C K, et al. Establishing a multiple-criteria decision-making model for stock investment decisions using data mining techniques [J]. Sustainability, 2021, 13 (6): 3100.

[148] Asadifar, Somayyeh, M. Kahani. Semantic association rule mining: A new approach forstock market prediction [C] //Swarm Intelligence and Evolutionary Computation IEEE, 2017: 106-111.

[149] 汪静, 罗浪, 王德强. 基于 Word2vec 的中文短文本分类问题研究

［J］. 计算机系统应用，2018，27（5）：209-215.

［150］Wen M, Zhu M. Text content tag recommendation algorithm based on knowledge map fusion reasoning ［C］//. ICCIR'21：Proceechings of the 2021 1st International Conference on Control and Intelligent Robotics，2021.

［151］唐明，朱磊. 基于 Word2vec 的一种文档向量表示 ［J］. 计算机科学，2016，43（6）：214-217.

［152］He T, Boudewyn M A, Kiat J E, et al. Neural correlates of word representation vectors in natural language processing models：Evidence from representational similarity analysis of event-related brain potentials ［J］. Psychophysiology，2022，59（3）：e13976.

［153］Nr A, Jmj B, Rb B, et al. Machine learning and natural language processing（NLP）approach to predict early progression to first-line treatment in real-world hormone receptor-positive（HR+）/HER2-negative advanced breast cancer patients ［J］. European Journal of Cancer，2021，144：224-231.

［154］Rahimpour C B, Hamid H, Hoda M. User trends modeling for a content-based recommender system ［J］. Expert Systems With Applications，2017，87：209-219.

［155］Yevgen B, Hamidreza B, Igor K, et al. An adjustable personalization of search and delivery of learning objects to learners ［J］. Expert Systems with Applications，2009（36）：9113-9120.

［156］李晓，解辉，李立杰. 基于 Word2vec 的句子语义相似度计算研究 ［J］. 计算机科学，2017，44（9）：256-260.

［157］Jaffry S W, Nasar Z, Malik M K. Textual keyword extraction and summarization：state of the art ［J］. Information Processing & Management，2019，56（6）：102088.

［158］Lee W J, Oh K J, Lim C G, et al. User profile extraction from Twitter for personalized news recommendation ［C］//Proceedings of the 16th International Conference on Advanced Communication Technology，2014.

［159］马超. 基于主题模型的社交网络用户画像分析方法 ［D］. 中国科学技术大学，2017.

［160］Kim H, Kim J, Herlocker J. Feature-based prediction of unknown preferences for nearest – neighbor collaborative filtering [C] // Data Mining, 2004. ICDM' 04. Fourth IEEE International Conference on. IEEE, 2004.

[161] Mueller J, Stumme G. Gender inference using statistical name characteristics in twitter [P]. arXiv, 10. 1145/2955129. 2955182, 2016.

[162] Wang C, Zhu Z G, Zhang Y X, et al. Improvement in recommendation efficiency and personalized of user – based collaborative filtering algorithm [J]. Mini – Micro Systems, 2016, 37 (3): 428–432.

[163] Ben–Nasr H, Boubaker S, Rouatbi W. Ownership structure, control contestability, and corporate debt maturity [J]. Journal of Corporate Finance, 2015, 35: 265–285.

[164] Wei J, He J, Chen K, et al. Collaborative filtering and deep learning based recommendation system for cold start items [J]. Expert Systems with Applications, 2017, 69: 29–39.

[165] Gleich D F. Page rank beyond the web [J]. SIAM Review, 2015, 57 (3): 321–363.

[166] Crane A D, Michenaud S, Weston J P. The effect of institutional ownership on payout policy: Evidence from index thresholds [J]. The Review of Financial Studies, 2016, 29 (6): 1377–1480.

[167] Nurdewanto B, Sonalitha E, Zubair A, et al. Taxonomy of artist and art works using hybrid TF–IDF fuzzy C–means clustering [J]. International Journal of Advanced Science and Technology, 2020, 29 (3): 12066–12075.

[168] Manchuna S. Behavioural finance in an era of artificial intelligence: Longitudinal case study of robo–advisors in investment decisions [J]. Journal of Behavioral and Experimental Finance, 2020, 27: 100297.

[169] Lee J. Access to Finance for Artificial Intelligence Regulation in the Financial Services Industry [J]. European Business Organization Law Review, 2020, 21 (4): 731–757.

[170] Sharma M M, Gaur S, Dadia S. System and method for automated software test case designing based on machine learning (ML) [P]. US10824543B2, 2020.

[171] Yasami Y, Mozaffari S P. Anovel unsupervised classification approach for network anomaly detection by k–Means clustering and ID3 decision tree learning meth-

ods [J]. The Journal of Supercomputing, 2010, 53 (1): 231-245.

[172] Raman T, Smriti S, Rajat G. Investigation of artificial intelligence techniques in finance and marketing [J]. Computer Science, 2020, 173: 149-157.

[173] Jennifer, Conrad, Robert, et al. Ex ante skewness and expected stock returns [J]. Journal of Finance, 2013, 68 (1): 85-124.

[174] Edelen R M, Ince O S, Kadlec G B. Institutional investors and stock return anomalies [J]. Journal of Financial Economics, 2016, 119 (3): 472-488.

[175] Zhao W, Yu Z, Wu R. A citation recommendation method based on context correlation [J]. Intelligent Data Analysis, 2021, 25 (1): 225-243.

[176] Klassen T, Davis C, Goldman A, et al. Exome sequencing of ion channel genes reveals complex profiles confounding personal risk assessment in epilepsy [J]. Cell, 2011, 145 (7): 1036-1048.

[177] Feng Y, Li X. The Cross-shareholding network and risk contagion from stochastic shocks: An investigation based on China's market [J]. Computational Economics, 2022: 59 (1): 357-381.

[178] Zhang A. Influence of data mining technology in information analysis of human resource management on macroscopic economic management [J]. PLoS ONE, 2021, 16 (5): e0251483.

附　录

附表 1　部分公司介绍数据集

序号	代码	名称	公司介绍关键词
1	301039	中集车辆	"开发""生产""技术""专用""产品""加工""制造""业务""咨询""管理""企业"
2	300900	广联航空	"概念""设备""系统""开发""生产""技术""服务""制品""加工""设计""制造""许可""涉及""租赁""计算机""软件""咨询""货物"
3	003013	地铁设计	"工程""设计""服务""建筑""系统""设备""技术""生产""管理""咨询""业务""依法""批准""开展""活动"
4	003012	东鹏控股	"生产""制品""产品""用品""建筑""材料""服务""开发""涉及""许可""管理""数据""业务""电子""投资"
5	300999	金龙鱼	"概念""食品""产品""加工""材料""技术""批发""代理""投资""依法""企业""服务""设备""生产""管理""开发""咨询""信息""业务""计算机""软件""商品""租赁""涉及""批准""开展""活动"
6	300896	爱美客	"概念""医疗""器械""制品""技术""开发""生产""货物""代理""企业""管理""咨询""服务""批发""零售""食品""依法""开展""活动""投资""批准"
7	003009	中天火箭	"概念""材料""服务""产品""生产""许可""制造""制品""加工""设备""计算机""系统""电子""专用""仪器""智能""网络""技术""软件""开发""信息""设计""工程""管理""研发""依法""批准""开展""活动""建筑""货物""代理"
8	003006	百亚股份	"概念""生产""依法""许可""批准"
9	300891	惠云钛业	"生产""产品""化学品""货物""技术""涉及""代理""投资""管理""依法""批准""开展""活动"
10	300888	稳健医疗	"概念""医疗""器械""专用""设备""生产""材料""制品""用品""产品""管理""商品""仪器""批发""零售""业务""涉及""智能""研发""技术""咨询""服务""企业""信息""化学品""租赁""许可"
11	002984	森麒麟	"数据""制品""生产""研发""产品""批发""货物""技术""许可""依法""批准""开展""活动"

序号	代码	名称	公司介绍关键词
12	300872	天阳科技	"数据""软件""金融""概念""服务""技术""开发""咨询""计算机""系统""产品""设备""租赁""依法""批准"
13	300869	康泰医学	"医疗""概念""器械""生产""设计""电子""产品""软件""开发""技术""制造""货物""租赁""制品""服务""依法""批准""开展""活动"
14	300867	圣元环保	"工程""技术""服务""专用""设备""仪器""产品""化学品""许可""材料""零售""批发""用品""依法""批准""开展""活动""业务"
15	300866	安克创新	"概念""智能""电子""产品""设备""技术""系统""管理""软件""研发""信息""开发""服务""计算机""网络""咨询""设计""生产""制造""零售""投资""金融""业务""代理""商品""依法""批准""开展""活动"
16	300861	美畅股份	"材料""制品""研发""生产""货物""技术""业务""依法""批准""开展""活动"
17	300860	锋尚文化	"活动""设计""设备""租赁""技术""服务""信息""咨询""管理""代理""工程""业务""依法""开展""批准"
18	002993	奥海科技	"概念""智能""研发""生产""电子""产品""货物""技术""租赁""依法""批准""开展""活动"
19	002991	甘源食品	"概念""食品""生产""加工""电子""服务""依法""批准""开展"
20	300855	图南股份	"制品""材料""制造""加工""产品""代理""货物""技术""业务""企业""商品""服务""依法""批准""开展""活动"
21	300850	新强联	"设计""制造""企业""产品""业务""材料""技术""设备"
22	300846	首都在线	"概念""软件""服务""数据""网络""技术""开发""咨询""计算机""系统""设备""电子""产品""租赁""货物""代理""业务""依法""开展""活动""批准"
23	300841	康华生物	"制造""生产""开发""技术""服务""企业""产品""业务""设备""材料""商品""依法""批准""开展""活动""许可"
24	002990	盛视科技	"概念""软件""服务""医疗""器械""数据""智能""技术""研发""电子""产品""系统""计算机""网络""设备""信息""生产""设计""工程""建筑""咨询""货物""许可""投资""租赁""金融"
25	300832	新产业	"医疗""器械""设备""技术""开发""咨询""生产""服务""业务""材料""研发""电子""产品""仪器""软件""信息""货物""租赁""管理""许可"
26	002987	京北方	"数据""软件""金融""服务""技术""开发""咨询""计算机""系统""产品""设备""电子""信息""业务""研发""管理""加工""货物""代理""依法""开展""活动""批准"
27	002985	北摩高科	"概念""开发""材料""制品""货物""技术""代理""系统""产品""设计""服务""制造""生产""企业""依法""开展""活动""批准"
28	002982	湘佳股份	"概念""企业""服务""加工""产品""设备""技术""制造""食品""货物""涉及""依法""批准""开展""活动"

附表2　部分公司介绍

序号	代码	名称	公司介绍
1	301039	中集车辆	要点1：所属板块：AH股 创业板综 次新股 广东板块 垃圾分类 冷链物流 汽车行业 融资融券 深股通 注册制次新股 要点2：经营范围：开发、生产和销售各种高技术、高性能的专用汽车及各类商用车的上装、半挂车系列及其零部件（不含限制项目）、多式联运装备以及一般机械产品及金属结构的加工制造和相关业务并提供相关咨询业务；经营管理生产上述同类产品的企业
2	300900	广联航空	要点1：所属板块：创业板综 次新股 大飞机 航天概念 航天航空 黑龙江 机构重仓 军工 融资融券 深股通 无人机 注册制次新股 专精特新 要点2：经营范围：飞机部段、飞机零部件、飞机内饰、飞机机载设备和地随设备、燃气轮机零部件、卫星零部件、工业机器人、机械电气设备、自动化装备、自动化系统和自动化生产线的开发、生产、销售、维修及相关技术服务；工艺装备、模具、夹具和复合材料制品的开发、生产、销售、维修及相关技术服务；机械零部件的开发、生产、销售、维修及相关技术服务；机械加工、钣金、金属表面处理及热处理加工。飞机、飞机发动机、航天器、航天器零部件及相关设备的设计、制造、维修、加装、改装、销售及相关技术服务（取得相关许可或资质后方可经营）；船舶、船用配套设备、航标器材及其他相关装置设计、制造、维修、加装、改装、销售及相关技术服务（以上涉及国家禁止产能过剩的项目除外）；自有房屋租赁；计算机软件开发及相关技术服务
3	003013	地铁设计	要点1：所属板块：次新股 工程建设 广东板块 深股通 铁路基建 雄安新区 粤港自贸 智慧城市 要点2：经营范围：专业设计服务；建设工程设计；建筑智能化系统设计；人防工程设计；铁路机车车辆设计；地质灾害治理工程设计；文物保护工程设计；特种设备设计；建设工程勘察；地质勘查技术服务；基础地质勘查；地质灾害治理工程勘查；文物保护工程勘查；建设工程质量检测；安全生产检验检测；环境保护监测；室内环境检测；水利工程质量检测；特种设备检验检测服务；工程管理服务；规划设计管理；工程造价咨询业务；国土空间规划编制；地质灾害危险性评估；测绘服务；标准化服务；计量服务；安全评价业务；消防技术服务；房屋建筑和市政基础设施项目工程总承包。（依法须经批准的项目，经相关部门批准后方可开展经营活动）
4	003012	东鹏控股	要点1：所属板块：北京冬奥 玻璃陶瓷 次新股 广东板块 深成500 深股通 要点2：经营范围生产（由下属公司生产）、销售、维修：陶瓷制品、水暖器材、卫浴产品、橱柜、木地板、家居用品、涂料、防水涂料、建筑材料、日用品；装卸服务；仓储；卫浴产品、陶瓷制品的研究、开发（涉限除外，涉及行业许可管理的，按国家规定办理）；在线数据处理与交易处理业务（仅限经营类电子商务）（以上项目不涉及外商投资准入特别管理措施）

附表 3　部分 A 股指标数据集

证券名称	年涨跌幅	存货周转率	应收账款周转率	流动资产周转率	固定资产周转率	总资产周转率
同辉信息	173.4899	3.1941	3.1922	1.2003	105.3391	1.1441
微创光电	-42.4769	3.0355	0.7469	0.3155	9.0896	0.2591
苏轴股份	47.8743	4.6125	5.2956	1.4836	3.0575	0.8502
艾融软件	-32.3913	12.6486	3.7470	0.9669	7.7398	0.7554
万通液压	-23.9269	2.9427	3.9909	0.9511	4.9843	0.6695
森萱医药	259.1837	2.4198	19.9338	0.8745	1.3948	0.4883
润农节水	46.0227	1.8119	1.3381	0.6653	8.8676	0.5924
凯添燃气	77.9944	24.0568	7.5307	1.2080	1.9538	0.4450
海希通讯	-15.5655	1.4207	2.1025	0.5055	14.9779	0.4717
新安洁	-8.2734	18.3316	1.6938	0.8887	2.6044	0.6131
龙竹科技	133.2930	5.6725	8.9226	1.5654	2.2812	0.7776
朱老六	92.2222	1.4918	2129.7982	1.1012	2.5597	0.7074
拾比佰	56.8878	4.9809	5.8256	1.4285	8.7318	1.1470
科达自控	-28.4420	1.8327	1.1634	0.4861	13.5541	0.4340
浩森科技	62.0513	2.7075	2.5390	0.8536	8.7923	0.7198
创远仪器	8.5869	1.7137	6.5516	0.9271	4.9184	0.4466
安徽凤凰	31.3889	2.8605	6.9429	1.2923	1.9831	0.6194
禾昌聚合	-22.0022	5.6291	2.7981	1.1138	10.0120	0.9648
利通科技	44.1896	2.5417	4.8294	1.4647	1.8191	0.6446
鹿得医疗	8.9606	4.2912	6.8773	1.0593	5.9877	0.8536
梓橦宫	39.3962	1.7968	4.1469	1.0985	3.8606	0.6698
德源药业	36.2856	2.5659	5.7763	1.1808	4.1610	0.8071
星辰科技	28.2051	1.8234	1.4373	0.4701	8.7661	0.3884
生物谷	21.7608	1.1206	2.7171	0.7745	3.2902	0.4545
同惠电子	227.2727	1.6680	21.0938	0.6292	2.7949	0.4393
德瑞锂电	104.6429	4.4721	5.4359	0.9307	3.4180	0.6110
颖泰生物	8.2117	3.9976	5.7825	1.5119	2.6771	0.6489
泰祥股份	69.3019	5.1343	4.8396	0.3116	3.2470	0.2748
翰博高新	-32.1510	8.2201	3.7769	1.4363	4.1008	0.8969
流金岁月	12.3616	6.7086	2.4731	0.9979	37.4505	0.9429
恒拓开源	15.7787	5.7582	1.2691	0.4022	8.9979	0.3318

证券名称	年涨跌幅	存货周转率	应收账款周转率	流动资产周转率	固定资产周转率	总资产周转率
三友科技	−10.5508	2.7393	3.2568	0.7428	8.2416	0.6129
同力股份	15.6471	6.9676	5.2818	1.3018	20.1986	1.0842
美之高	16.5517	6.8311	14.5655	1.4131	8.7603	1.1624
五新隧装	197.7543	6.1744	1.8327	1.2204	9.1645	1.0245
国源科技	2.3837	85.9386	1.7466	0.3913	16.2813	0.3701
贝特瑞	282.8764	4.5897	5.1169	1.4540	3.6746	0.7741
云创数据	0.4891	2.8827	1.2481	0.5029	9.5656	0.4395
连城数控	−8.9047	2.0792	3.3796	0.6524	7.3471	0.5333
富士达	12.7703	4.1692	2.2499	0.8065	6.5442	0.5693
长虹能源	325.2818	4.6371	5.8475	1.7816	3.9561	0.9998
中航泰达	14.7410	36.9285	2.4220	0.7470	115.7195	0.7221
大唐药业	85.2033	1.5560	6.6676	0.4645	2.6636	0.3526
秉扬科技	28.1337	1.7919	4.4645	0.7099	2.2054	0.4569
盖世食品	232.1995	6.6377	10.1322	1.6865	8.6269	1.3710
建邦科技	−8.7234	5.0562	4.1690	1.0068	15.5931	0.9010
德众汽车	82.3188	5.3733	154.9193	3.0706	13.7655	2.0984
方大股份	19.1801	2.9630	7.2122	1.2243	3.0589	0.7889
驱动力	−4.0897	6.1266	3.9701	0.7550	10.2790	0.5626
同享科技	−29.8497	16.1035	3.1999	1.8041	15.4718	1.5783
永顺生物	−61.0021	2.9613	5.0093	0.6508	1.7351	0.4508
华阳变速	38.4298	5.2898	3.8818	0.9528	2.5213	0.6580
常辅股份	37.3659	2.3178	3.3569	0.6857	8.1905	0.6146
凯腾精工	58.9333	7.1383	6.3969	1.6583	2.8858	0.9321
通易航天	47.5279	1.9930	1.4121	0.6175	1.0244	0.3462
锦好医疗	5.4144	3.8359	12.5776	1.0493	27.6076	0.7075
东风汽车	−27.8602	5.7796	3.7278	1.0189	9.4171	0.7766
中国国贸	15.6627	47.6077	8.8648	1.2394	2.0872	0.2890
首创环保	20.4947	12.8719	4.1610	1.0640	3.1815	0.2140
包钢股份	138.4615	4.0331	30.7589	2.1345	1.3742	0.5899
日照港	−2.4306	31.1276	11.4865	2.7794	0.5173	0.2379
上港集团	19.9125	1.3511	12.7480	0.7280	1.0803	0.2099

证券名称	年涨跌幅	存货周转率	应收账款周转率	流动资产周转率	固定资产周转率	总资产周转率
宝钢股份	20.3361	7.1144	33.3080	2.4705	2.5447	0.9892
中原高速	-3.5398	0.8636	26.1346	0.9744	0.4394	0.1189
山东钢铁	25.1748	18.1208	650.0065	5.8102	2.8877	1.5720
华能水电	47.7578	216.1139	12.3690	4.0400	0.1527	0.1242
中国石化	4.9628	12.3372	77.8130	5.4092	4.6134	1.5130
三一重工	-34.8199	4.1784	5.1552	1.1545	8.7932	0.8014
浙江新能	206.1386	192.9385	0.7263	0.4221	0.1419	0.0819
福建高速	7.2243	78.3031	5.0137	2.6873	0.2307	0.1811
楚天高速	8.2474	9.5180	7.2812	2.1170	4.6016	0.1957
歌华有线	-5.6522	5.4162	5.7173	0.2874	0.6022	0.1609
中直股份	28.0498	1.3478	6.9599	0.9309	11.8244	0.8171
四川路桥	166.9623	27.0988	5.7444	1.3144	32.3262	0.6797
保利发展	-1.2010	0.2690	101.2383	0.2392	30.0972	0.2149
中国联通	-11.8834	130.2702	16.8942	2.7914	1.0470	0.5577
宁波联合	-16.1616	1.3204	20.5780	0.7861	7.0164	0.5664
九鼎投资	-20.1535	0.0044	2.1286	0.1026	7.0230	0.0616
黄山旅游	8.7973	17.9289	67.2097	0.4440	0.5487	0.1783
万东医疗	135.2767	2.8590	6.4967	0.6206	6.5860	0.4031
中国医药	-17.5855	4.9606	3.2489	1.5337	19.5078	1.1270
厦门象屿	41.0299	20.7650	34.3592	6.2415	46.6172	5.0493
五矿发展	26.4666	20.4167	13.3357	4.5945	87.0988	3.8988
古越龙山	-28.1011	0.4894	14.3373	0.4015	1.3874	0.2785

附表4 部分行情序列数据集

801230. SL 综合 涨跌（元）	801710. SL 建筑材料 涨跌（元）	801720. SL 建筑装饰 涨跌（元）	801730. SL 电力设备 涨跌（元）	801740. SL 国防军工 涨跌（元）	801750. SL 计算机 涨跌（元）	801760. SL 传媒 涨跌（元）
27.44	124.13	51.61	71.83	28.76	18.11	4.25
8.84	40.68	1.95	45.37	20.15	-12.44	0.41
-8.76	-12.43	-5.95	-25.74	1.38	-29.50	-5.41

801230.SL 综合 涨跌（元）	801710.SL 建筑材料 涨跌（元）	801720.SL 建筑装饰 涨跌（元）	801730.SL 电力设备 涨跌（元）	801740.SL 国防军工 涨跌（元）	801750.SL 计算机 涨跌（元）	801760.SL 传媒 涨跌（元）
4.33	−66.71	−2.50	−54.65	−12.80	−9.86	−0.81
−33.82	−149.73	−35.19	−155.98	−20.19	−72.92	−15.03
−2.98	−49.01	3.65	−63.74	−18.33	−23.32	−1.53
24.95	42.49	10.00	11.46	3.39	11.64	5.27
−8.20	−51.09	−4.59	−7.90	−5.55	12.60	−1.70
−33.35	−147.34	−23.22	−150.94	−25.77	−63.77	−11.64
−76.32	−178.77	−84.76	−210.38	−62.76	−108.70	−22.75
5.61	64.27	−2.38	5.56	8.94	9.35	0.82
43.85	134.00	74.98	125.09	43.86	45.10	8.23
−73.52	−169.68	−48.46	−185.66	−34.47	−87.52	−20.17
13.71	55.70	68.86	50.79	29.11	6.13	2.60
−29.67	4.18	4.11	−98.01	−11.48	−44.85	−8.64
−31.87	−84.56	−49.51	−49.32	−45.23	−22.39	−6.26
29.21	116.98	53.44	86.60	36.20	37.19	5.37
24.36	67.82	58.73	160.93	29.83	29.04	5.75
16.02	82.91	14.03	25.73	27.11	19.55	1.87
33.26	65.00	72.39	65.78	42.09	22.23	7.65
5.76	−19.30	−30.19	−0.75	−12.25	1.87	−1.58
8.20	−14.77	2.84	−39.33	18.24	−6.08	−2.04
54.53	85.37	3.45	132.35	6.80	70.70	11.82
24.38	136.71	19.23	60.92	8.44	5.05	1.93
27.48	214.62	39.68	70.70	10.72	41.79	9.87
−2.30	37.87	10.55	−24.63	1.17	9.81	−0.53
42.40	107.97	19.39	81.19	13.86	22.93	6.23
11.42	13.01	−5.27	85.37	42.78	20.10	5.15
−24.08	17.30	−38.09	−78.91	−22.58	−43.57	−7.27
29.27	97.75	32.08	117.29	17.52	49.53	6.36
−52.62	−178.20	−70.57	−123.83	−46.72	−67.39	−12.37
44.16	−62.05	−0.89	89.43	9.80	35.42	7.01
14.02	46.74	14.36	16.54	14.77	0.11	8.04

801230. SL 综合 涨跌（元）	801710. SL 建筑材料 涨跌（元）	801720. SL 建筑装饰 涨跌（元）	801730. SL 电力设备 涨跌（元）	801740. SL 国防军工 涨跌（元）	801750. SL 计算机 涨跌（元）	801760. SL 传媒 涨跌（元）
7. 64	167. 27	−0. 52	−15. 91	0. 82	20. 94	0. 17
56. 61	76. 49	45. 98	59. 92	28. 67	20. 27	3. 02
17. 04	104. 07	−11. 20	10. 35	−3. 95	−7. 46	3. 35
11. 74	−85. 98	−38. 86	−59. 17	−8. 15	−21. 98	−4. 06
−37. 38	−17. 11	−36. 86	−99. 94	−25. 97	−46. 70	−8. 01
31. 22	110. 88	24. 82	52. 98	21. 24	23. 65	7. 92
12. 99	140. 69	26. 41	56. 98	15. 56	12. 68	5. 44
17. 51	−40. 12	3. 18	24. 81	7. 92	26. 93	0. 34
−2. 06	−1. 37	23. 95	38. 31	20. 83	11. 15	0. 55
−26. 83	−42. 66	−24. 54	−62. 25	−11. 29	4. 80	−2. 84
−10. 45	−68. 97	−22. 44	−11. 01	−19. 42	−14. 89	0. 38
18. 65	101. 33	4. 41	34. 28	2. 35	19. 91	−0. 91
−28. 67	−120. 31	−38. 48	4. 45	−8. 62	−39. 23	−12. 85
30. 01	80. 40	26. 66	72. 84	2. 03	26. 32	4. 53
−56. 11	−86. 11	−28. 02	−83. 91	−36. 98	−54. 50	−9. 45
32. 10	41. 89	−0. 24	76. 34	9. 65	5. 79	3. 89
4. 25	−7. 20	−9. 65	−53. 05	8. 91	−16. 15	0. 06
−1. 31	144. 31	2. 40	−63. 33	−6. 57	−3. 36	3. 21
34. 40	54. 78	26. 71	91. 71	17. 07	18. 82	8. 41
16. 96	95. 79	−5. 81	25. 96	2. 59	−4. 72	2. 01
7. 17	63. 67	30. 34	19. 83	6. 73	2. 08	0. 37
−17. 86	−54. 73	−14. 79	−43. 16	−10. 24	−38. 76	−2. 78
−21. 00	−88. 48	−16. 56	−179. 85	−12. 14	−41. 35	−9. 21
−11. 19	73. 95	−22. 95	−31. 03	−15. 35	−20. 05	−5. 31
−22. 75	−97. 00	−31. 64	−80. 71	−13. 06	−11. 63	−1. 47
22. 98	31. 50	22. 18	82. 08	5. 03	15. 21	7. 49
−1. 52	2. 43	12. 99	−53. 15	−1. 13	−9. 20	−5. 70
4. 32	223. 03	17. 11	37. 43	6. 10	−2. 71	1. 63
28. 85	−5. 27	20. 73	55. 40	3. 49	31. 46	6. 21
3. 18	−77. 32	−11. 69	−69. 03	−8. 01	−16. 38	−3. 51

续表

801230. SL 综合 涨跌（元）	801710. SL 建筑材料 涨跌（元）	801720. SL 建筑装饰 涨跌（元）	801730. SL 电力设备 涨跌（元）	801740. SL 国防军工 涨跌（元）	801750. SL 计算机 涨跌（元）	801760. SL 传媒 涨跌（元）
-1. 39	-64. 90	0. 92	-45. 41	12. 94	16. 99	1. 57
8. 81	6. 46	25. 20	48. 95	10. 40	22. 24	8. 46
-4. 51	-68. 22	-13. 22	-16. 73	-8. 45	-9. 61	-1. 90
5. 70	-16. 65	-0. 86	-11. 99	-13. 17	-11. 15	1. 80
21. 10	-53. 32	-12. 68	-12. 40	-1. 01	0. 10	0. 11
-25. 20	-121. 76	-26. 52	-85. 81	-16. 94	-22. 12	-6. 14
25. 33	12. 36	21. 77	35. 55	5. 30	17. 51	5. 88
19. 13	137. 74	18. 22	-4. 37	7. 12	17. 61	-0. 93
-14. 15	-27. 40	-17. 18	-21. 33	3. 41	-25. 55	-3. 91
-46. 38	-136. 08	-49. 40	-128. 60	-34. 34	-52. 09	-10. 07
-45. 44	-16. 07	-26. 37	-82. 73	-28. 95	-26. 28	-6. 04
-8. 24	34. 63	-11. 87	-69. 45	-20. 99	-33. 49	-2. 60
-65. 44	-258. 75	-56. 71	-152. 44	-37. 96	-53. 66	-15. 20
21. 06	99. 40	20. 81	74. 85	22. 43	23. 66	6. 11
40. 11	155. 51	6. 28	70. 20	16. 70	25. 07	8. 57
-42. 87	-133. 24	-47. 72	-94. 49	-27. 17	-41. 48	-9. 16
2. 15	-44. 34	-14. 83	6. 59	0. 18	23. 08	2. 63
1. 70	45. 94	6. 72	25. 03	6. 89	28. 73	0. 38
28. 00	62. 34	17. 61	50. 56	10. 63	14. 22	4. 88

后 记

    撰写《个性化股票推荐理论与方法》这一书的过程充满了挑战与收获。本书的创作动机源于金融市场的快速发展和人工智能技术的日新月异，我们希望将这些前沿技术应用于股票投资领域，为投资者提供更智能、更个性化的服务。最初的灵感来自一次金融科技会议，在会议中，我们听取了关于智能投顾和个性化推荐系统的讨论，这让我们意识到，当前市场对精准投资指导的需求非常迫切，而现有的技术手段还有很大的提升空间。在具体写作中，我们花费了大量时间进行文献调研和技术学习，从传统的投资顾问理论到最新的人工智能算法，梳理出一个完整的知识体系。这期间，我们深感知识的浩瀚与个人力量的有限，因此在查阅文献时不仅限于阅读，还通过参加学术研讨会、与业内专家交流等方式，获取最新的研究动态和实践经验。面对数据处理、算法优化和模型验证等实际问题，我们也在理论和实践中不断地反复思索和调整，确保每一个环节都经得起推敲、经得起实践的检验。整个写作历程跨越了近四年的时间，其中不乏挑战和困难，但也充满了成就感和满足感。每一个章节都是在反复推敲和实践中完成的，最终呈现出这本系统而全面的专著。

    本书的核心主题是通过先进的技术手段，实现股票投资者的个性化需求，提高投资决策的准确性和效率，系统地介绍了个性化股票推荐的理论和方法，涵盖了用户画像的构建、关联规则的应用、基于文本内容的分析以及深度协同过滤的实现等多个方面。通过构建混合多专家网络的股票推荐融合算法，我们希望为智能投资顾问领域提供一个创新的解决方案。我们希望读者能够从中获得新的视角和方法，将理论应用于实践，推动智能投顾的发展。在整个写作过程中，我们力求将复杂的理论用通俗易懂的语言表达出来，并通过大量的实践案例和实验数据，验证所提出方法的有效性和可行性。本书不仅适合学术研究人员和金融从业者阅读，也为广大的投资者提供了实践指南和参考资料。展望未来，智能投顾领域依然充满了无限可能。随着人工智能、区块链和量子计算等新技术的不断涌现，个性化推荐技术将会更加成熟和完善。我们期待这些技术能够进一步提升金融服务的智能化和个性化，促进金融市场的稳健发展，同时希望本书能激发更多的研究和探索，为智能投顾的未来发展提供新的思路和方向。

最后，我们诚挚地邀请各位读者对本书提出宝贵的意见和建议。您的反馈是我们不断进步的动力，不仅能够帮助我们发现书中的不足之处，还能为今后的研究和写作提供新的灵感和方向。无论是关于理论部分的讨论，还是实践中的应用问题，都欢迎与我们交流。我们希望这本书不仅是一个知识的载体，更是共同探讨和进步的平台。相信，通过读者的积极参与，我们可以共同推动智能投顾和个性化股票推荐技术的发展。如果您在阅读过程中有任何疑问或想法，欢迎通过以下方式与我们联系：电子邮件（58406775@qq.com）或电话（029-62660213）。无论是学术探讨、技术交流还是实践分享，我们都期待与您进行深入的交流和互动。

感谢您阅读本书，期待您的反馈和交流。

2024 年 4 月 12 日